CARROT HOUSE

New
# EPTA
# 단번에
# 끝내기

New EPTA 합격팁 ✓
신유형 소개부터 실전 기출문제까지!

EPTA 실전 연습문제부터 모의TEST까지
연계학습 가능!

 MP3 파일 제공 | www.goepta.com

**CARROTHOUSE**

**NEW EPTA 단번에 끝내기**

© Carrot House

All rights reserved. No part of this publication may be reproduced, stored in a retrieval system, or transmitted in any form or by any means without the prior permission in writing of Carrot House.

Printed : December 2023
Author : Carrot Language Lab

ISBN    978-89-6732-304-2

**Printed in Korea**

**Carrot Global Inc.**
3F, 268-20, Itaewon-ro, Hannam-dong, Yongsan-gu,
Seoul, 04399, South Korea

# Introduction
# Carrot House Methodology
# Andragogical Approach & Productive Korean

The teaching of children (pedagogy) and adult learning (andragogy) are distinctively different. Pedagogy is akin to training and encourages convergent thinking and rote learning. It is compulsory, centered on the teacher and the imparting of information with minimal control by the learner. Andragogy, by contrast, is about education as freedom. It encourages divergent thinking and active learning. It is voluntary, learner oriented, and opens up vistas for continual learning. Adults need to feel independent and in control of their learning. Therefore, Carrot House curriculum is based on andragogy and is designed to encourage learners' participation and engagement by providing more task-based activities and opportunities to frequently interact in the classroom.

People want to achieve communicative competence when they learn other languages. Korean education in foreign language environments has been rather focused on the receptive skills of Korean—listening and reading—which simply increases learners' knowledge about a language, not the competence of using it. If people are well equipped with productive skills—speaking and writing—they will be competent in Korean communication. This is why Carrot House curriculum is designed to enhance learners' productive skills throughout the course. This andragogical approach of the Carrot House Curriculum, which focuses on productive Korean, will enable learners to achieve communication skills necessary for global competence. Carrot House's teaching philosophy and curriculum combine to provide a "Language for Success" for all learners.

## Communicative Language Learning (CLL)

This communicative interaction, the essential component of language acquisition, does not occur in a typical, non-meaningful, fun-oriented conversation with native speakers. It occurs in a negotiated interaction through which a well-trained teacher provides the comprehensible input that is appropriate to the learners. The learners, at the same time, actively utilize the opportunities given to them by the teachers.

To this end, the Communicative Language Learning (CLL) method is employed in the field of Foreign Language Acquisition. The CLL method provides activities that are geared toward using language pragmatically, authentically and functionally with the intention of achieving meaningful purposes.

New EPTA 합격팁 – 신유형 소개부터 실전 기출문제까지! ▶▶▶

## Contents

| Chapter 01 | New EPTA 소개 | 7 |
| Chapter 02 | New EPTA 관제 기본 지식 | 25 |
| Chapter 03 | New EPTA Part 1 Task A 실전 연습 | 41 |
| Chapter 04 | New EPTA Part 1 Task B 실전 연습 | 53 |
| Chapter 05 | New EPTA Part 2 Task A 실전 연습 | 67 |
| Chapter 06 | New EPTA Part 2 Task B 실전 연습 | 87 |
| Chapter 07 | New EPTA Part 2 Task C 실전 연습 | 101 |
| Chapter 08 | 부록 | 109 |

# CHAPTER 01

## Introduction
# New EPTA 소개

01. New EPTA 시험 소개
02. New EPTA 구성 및 시간
03. New EPTA 등급 산정
04. New EPTA 등급 평가 방법
05. New EPTA 시험의 절차
06. New EPTA 시험 신청 기본 정보

# Introduction
# New EPTA 소개

## 01 New EPTA 시험 소개

ICAO (International Civil Aviation Organization: 국제민간항공기구) 수년 동안 항공 사건, 사고를 정밀 분석 연구한 결과 영어구술능력 부족, 즉 항공 종사자(조종사, 관제사 등)의 의사소통 능력 부족이 항공사고의 주요 원인으로 분석했습니다.

한국교통안전공단의 통계에 따르면, '조종사 또는 항공 교통 관제사가 오해나 오류를 일으키는 절차 또는 일반적인 관행이 있는가?'에 대한 질문에 응답자의 54%가 조종사나 조종사가 사용하는 절차 또는 일반적인 고나행이 오해 또는 오류의 위협을 발생시켰다고 응답했습니다.

이에 따라 국토해양부는 ICAO의 국제 표준과 권고 사항을 반영하여 2005년 11월 8일 항공법을 개정한데 이어 2006년 8월 23일 시행 규칙을 발표하고 같은 해 10월부터 항공영어 평가시험이 실시되었습니다.

2008년 3월 5일부터 국제 항공업무에 종사하는 모든 조종사와 관제사는 ICAO에 명시된 언어 등급 중 4등급(Level 4: Operational) 이상을 취득해야만 현업에 종사할 수 있도록 의무화했습니다.

국내의 항공영어평가시험은 국제 기준에 따라 기한 내 제도를 시행하여 EPTA(English Proficiency Test for Aviation)라는 명칭으로 시행되어 오고 있습니다.

EPTA의 특징은 ICAO에서 규정한 언어능력 권고사항과 문서 조항을 반영해 국내 항공종사자들의 언어능력 특성을 고려했습니다. 2019년 1월부터 시행되는 새로운 EPTA 시험이 더욱더 합리적이고 정확한 언어능력의 평가이며 항공업무에 종사하는 모든 직무 간의 원활하고 성공적인 의사소통이 이루어지도록 최선을 다할 것입니다.

CHATER 01. New EPTA 시험 소개

## 2  New EPTA, 어떻게 달라졌나?

|  | 개정 전 | 개정 후 (2019년 1월) |
|---|---|---|
| 출제기관 | G-TELP코리아 | 한국교통안전공단 |
| 시험방식 | PBT(Paper-Based Test) 및 면대면 인터뷰 | CBT(Computer-Based Test) |
| 시험유형 | 듣기영역 및 말하기 영역 별도 진행 | 듣기 및 말하기 영역 통합 진행 |
| 문항 수 | 듣기 및 말하기 영역 총 48문항 | 총 29문항~33문항 |
| 문제 유형 | 질의 응답, 특정 상황에 대한 의견 제시 등 | 직무 위주(조종, 관제)의 지문과 질의, 조종사-관제사 간의 롤플레이 유형을 통해 항공영어와 일반영어능력 동시에 평가 |
| 6등급 평가 방식 | 4~6등급 통합 평가 | 6등급 시험은 별도의 평가 시험으로, EPTA 5등급 합격자만이 6등급 응시 자격 취득 |

## 03 New EPTA 구성 및 시간

EPTA (5등급 이하)는 CBT 기반으로 시험이 진행되며, 응시자의 듣기와 말하기를 동시에 통합적으로 평가합니다. Listening과 Speaking 영역의 구분 없이 진행됩니다.

| Section | Type | Task Outline | Question | Response Time |
| --- | --- | --- | --- | --- |
| Part 1 | Task A | 교신전송: Readback / Hearback (Sound recognition, Alphanumeric information, etc.) | 4 | 20초 |
| Part 1 | Task B | 짧은 교신문맥 청해 및 응대 (Checking, Clarifying, Confirming, Informing) | 6 | 20초 |
| Part 2 | Task A | 복합 상황 롤 플레이 및 후속 질문: Role play & Follow up (Normal & Abnormal Situations) | 8~12 | 롤플레이: 30초 후속질문: 90초 |
| Part 2 | Task B | 단일(비정상/비상)상황 롤 플레이: Extended Role-play(Abnormal/Urgent/Emergency Related specific single incident) | 7~12 | 30초 |
| Part 2 | Task C | 교신 수행(Task B) 관련 의견교환: Reporting | 2 | 90초 |

## 4. New EPTA 등급 산정

| 필수적용대상 | 비행기조종사, 회전익조종사, 항법사, 항공교통 관제사, 비행정보요원 |
|---|---|
| 선택적용대상 | 항공기관사, 활공기조종사, 비행선조종사 |

ICAO 언어(영어) 능력 등급의 평가 기준 (Doc 9835 2nd ed. Annex 1.2.9.7)에 따라서 다음과 같이 적용됩니다.

| 6등급 (Expert) | 영구 인정 |
|---|---|
| 5등급 (Extended) | 매 6년마다 재평가 |
| 4등급 (Operational) | 매 3년마다 재평가 |
| 3등급 (Pre-operational) | |
| 2등급 (Elementary) | 불합격 |
| 1등급 (Pre-elementary) | |

New EPTA 실전 연습

### EPTA Weighting Framework (태스크 별 가중치(%))

| Task | | Percentage(%) | Maximum Raw Score* |
|---|---|---|---|
| Part1 | Task A | 10% | 4 |
| | Task B | 20% | 5 |
| Part2 | Task A | 20% | 5 |
| | Task B | 30% | 5 |
| | Task C | 20% | 5 |
| total | | 100% | - |

비고) 각 태스크 별, ICAO 6개 평가 영역에 대해 1~5등급으로 평가된 원점수(raw score)에 대해 가중치(%) 적용
　　*원점수(raw score)간 가중치는 태스크별 최대치에서 대략 5% 편차로 적용

### EPTA 최종 등급 환산표

| Level | 1 | 2 | 3 | 4 | 5 |
|---|---|---|---|---|---|
| 총점(100%) | 35% 미만 | 35~60% 미만 | 60~75% 미만 | 75~90% 미안 | 90~100% |

### EPTA 등급 평가 방법 및 평가자

응시 후 평가 : 응시자의 수행능력(응답 녹취) 데이터에 대해 자격을 갖춘 2인의 평가자(항공전문가 1인, 언어전문가 1인)에 의해 각각 독립적으로 평가가 이루어집니다. 두 명의 평가자의 결과가 불일치 할 경우에는 제3의 전문 평가자가 평가하여 최종 등급이 결정됩니다.

CHATER 01. New EPTA 시험 소개

## 5 New EPTA 등급 평가 방법

**발음**  조음, 억양과 강세가 적절한가?

| 등급 | 능력 |
|---|---|
| 6 | 발음, 강세, 리듬과 억양이 모국어 또는 지역적 영향이 혹시 있을 수도 있으나 이해하는 데 문제 없음 |
| 5 | 발음, 강세, 리듬과 억양이 모국어 또는 지역적 영향을 받지만 이해하는데 거의 방해 받지 않음 |
| 4 | 발음, 강세, 리듬과 억양이 모국어 또는 지역적 영향을 받아 간혹 이해하는데 방해를 받음 |
| 3 | 발음, 강세, 리듬과 억양이 모국어 또는 지역적 영향으로 인해 이해하기 어려운 경우가 빈번함 |
| 2 | 발음, 강세, 리듬과 억양이 모국어 또는 지역적 영향이 심하게 드러나 내용을 이해하기 어려움 |
| 1 | 기초보다 낮은 레벨 수준 |

- ICAO 표준 규정에 따른 발음을 권장합니다. 표준 규정에 따르지 않아 해당 단어의 발음이 다르게 이해될 가능성이 있다고 판단되면, 4등급 이하로 감점될 수 있습니다.

    예시) 40 mile을 fo-wer zero가 아닌 forty라고 발음하는 경우

- 원어민 발음이 아니어도 의미전달이 가능하다고 판단되면, 운항가능등급 4등급으로 채점됩니다.

    예시) "right" 발음을 'light' 로 하는 경우

## 05 New EPTA 등급 평가 방법

**어휘** 상황과 문맥에 맞는 어휘를 쓰는가?

| 등급 | 능력 |
|---|---|
| 6 | 풍부한 어휘력과 정확한 구사력으로 다양한 주제를 효과적으로 구사함. 관용어, 뉘앙스가 있는 감각적인 어휘의 사용이 가능함 |
| 5 | 직무 관련 어휘 사용 범위가 충분하여 대화 시 구사력이 효과적이고 효율적임. 어휘 전달력을 위해 '바꾸어 말하기(paraphrasing)' 기술이 능숙하고, 종종 관용적인 어휘를 사용함 |
| 4 | 직무 관련 일반적인 대화에서는 어휘 구사력이 대체로 정확하지만, 예상치 못한 경우에는 어휘 부족을 대처하기 위해 종종 '바꾸어 말하기' 기술을 발휘하여 의미전달 기능 |
| 3 | 대체적으로 직무 관련 일상적인 대화에서는 정확한 어휘가 구사되지만, 사용 어휘가 한정되어 종종 부자연스럽고, 부족한 어휘에 대해 '바꾸어 말하기' 기술 발휘가 잘 안됨 |
| 2 | 제한된 어휘를 사용하며 단어 자체나 암기된 어구 형태로 구사함 |
| 1 | 기초보다 낮은 레벨 수준 |

**Tip**

- 교신 상황에서의 표준용어 및 어법 적용이 관건이며, 교신 시에는 간단명료하고 직접적인 의사표현이 중요합니다.

CHATER 01. New EPTA 시험 소개

| 상호대응 | 답변 내용의 적절성, 자세함, 답변의 즉시성이 있는가? |

| 등급 | 능력 |
|---|---|
| 6 | 거의 모든 상황에서 쉽게 대화할 수 있고, 언어적/비언어적 신호에 민감하며 적절히 반응함 |
| 5 | 즉각적이고 적절하며 유익하게, 화자와 청자의 관계를 효과적으로 유지함 |
| 4 | 대체로 즉각적으로 적절하고 유익하게 응대함. 예상치 못한 경우에도, 대화를 시도하거나 유지할 수 있고, 대화 내용을 재확인함으로써 잘못된 의사소통을 방지할 수 있음 |
| 3 | 친숙한 주제와 예상된 상황에서는 때때로 즉각적이고 적절하게 반응함. 그러나 예상치 못한 상황에서는 부자연스럽게 반응함 |
| 2 | 단순한 일상적인 대화를 제외하고는 대응이 느리고 적절하지 못함 |
| 1 | 기초보다 낮은 레벨 |

- 문제가 요구하는 바를 두괄식으로, 직접적으로 표현하는 것이 좋습니다.

- 두 가지 이상의 요구가 포함되는 경우 (예시) readback 및 request 를 요구하는 경우), 반드시 모든 요구에 대한 내용을 답변에 포함 시켜야 합니다.

## 이해력 — 질문 상황을 얼마나 잘 이해하는가?

| 등급 | 능력 |
|---|---|
| 6 | 언어와 문화의 세밀한 부분을 포함한 거의 모든 문맥을 일괄되게 이해함 |
| 5 | 업무에 관련된 일상적이고 실제적인 주제뿐만이 아니라 언어상, 상황상 복잡한 경우나 예상치 못한 상황에 대해서도 거의 정확하게 이해함. 방언이나 다양한 억양 등을 이해함 |
| 4 | 국제사회에서 사용되는 억양이나 언어 변형을 사용하는 경우, 업무에 관련된 일상적이고 실제적인 주제는 거의 정확하게 이해하지만, 복잡한 경우나 예상치 못한 상황에서는 부연설명 필요함 |
| 3 | 국제사회에서 사용되는 억양이나 언어변형을 사용하는 경우, 업무에 관련된 일상적이고 실제적인 주제는 대부분 정확하게 이해하지만 이외의 복잡한 경우나 예상치 못한 상황에서는 이해하지 못함 |
| 2 | 상대방이 천천히 분명하게 말할 때 대화를 이해할 수 있음 |
| 1 | 기초보다 낮은 레벨 |

### Tip

- 상황/지시/교신의 차이점

**상황** 문항과 관련된 항공기, 관제소 및 시설의 상황을 설명합니다. 반드시 제시된 상황을 바탕으로 응답해야 합니다.

**지시** 지시 상황에서는 특정한 응답을 요구하므로, 주어진 지시에 따라 응답해야 합니다.

**교신** 상대방의 교신 요청에 대해 응대하는 문항입니다. 주어진 상황과 지시를 먼저 이해한 후에 적절하게 교신해야 합니다

CHATER 01. New EPTA 시험 소개

| 유창성 | 적절한 빠르기로 하고 싶은 말을 더듬지 않고 자연스럽게 하는가? |

| 등급 | 능력 |
|---|---|
| 6 | 적절한 담론 전개어 및 연결어 사용에 능란하여 장문의 구사력이 발휘되고, 내용 전달력을 높이기 위해 발화의 흐름과 방식에 변화를 줄 수 있음 |
| 5 | 익숙한 주제에 대해서, 장문의 구사력 발휘가 용이하고, 적절한 담론 전개어 및 연결어 사용에 문제가 없음. 그러나 예상치 못한 주제에서는 발화의 흐름과 방식의 변화를 주기는 어려움 |
| 4 | 제한적인 담론 전개어 및 연결어를 사용할 수 있음. 숙달된 문장은 적절한 길이로 구사할 수 있으나 가끔 즉각적인 응답 시 유창성이 떨어지나, 대화 진행이 방해될 정도는 아님. 무의미한 첨언을 사용하나 의미 전달에는 장애가 되지는 않음 |
| 3 | 장문으로 구사할 수는 있으나, '부자연스럽게 반복하여' 말하거나, 중간 중간 쉬는 곳이 부자연스러움. 말하는 속도가 느리고 주저하기를 반복하여 효과적인 대화가 어렵고 무의미한 첨언 사용이 종종 부자연스러움 |
| 2 | 자주 대화를 멈추고 의미가 부적절하고 암기된 표현을 하용함 |
| 1 | 기초보다 낮은 레벨 수준 |

- 부주의에 의해 Call sign을 반복적으로 말하는 경우, 일정 빈도 이상의 긴 침묵, 머뭇거림, 무의미한 첨언을 사용할 경우에는 유창성 감정 대상이 됩니다.

## 문장구조

문법을 많이 틀리는가 아니면 너무 쉽고 짧은 문장만 쓰는가?

| 등급 | 능력 |
|---|---|
| 6 | 기본 및 복합 문장구조 형태가 지속적이고 일관성 있게 잘 구사되고 문장패턴이 지속적으로 잘 조절됨 |
| 5 | 기본적인 문법 구조와 문장형태를 지속적으로 잘 구사함. 복잡한 문장구조를 사용할 경우, 간혹 의미 전달이 자연스럽지 않을 수도 있음 |
| 4 | 기본적 문법 구조와 문장 형태가 전반적으로 잘 구사되나, 간혹 독창적으로 사용되기도 함. 그러나 예기치 못한 상황에서는 문법적 오류가 발생하지만, 의미 전달이 방해될 정도는 아님 |
| 3 | 예측 가능한 상황에서도 기본적 문법 구조와 문장의 형태가 일정하게 구사되지는 못함. 문법적 에러로 인해 의미 전달 장애가 발생함 |
| 2 | 단순 암기된 문법구조와 문장형태를 제한적으로 구사함 |
| 1 | 기초보다 낮은 레벨수준 |

- 기본적인 문법 구조 및 문장 형태를 잘 구사하되, 5등급을 받기 위해서는 상황에 따라 다양한 문장 구조를 사용할 수 있어야 합니다.

    예시) Part 2 Task A의 마지막 질문과 Task C의 경우, 과거 시제의 적절한 사용이 필수적으로 요구됨

CHATER 01. New EPTA 시험 소개

## 6　New EPTA 시험 절차

2019년부터 새롭게 시작하는 항공영어구술능력 증명 시험은 전 과정이 컴퓨터 기반 (CBT: Computer Based Test)으로 진행되어 말하기와 듣기가 동시에 통합적으로 평가되는 시험입니다.

### 시험 진행 순서

| 01 | 02 | 03 | 04 | 05 |
|---|---|---|---|---|
| 사전 지문등록 | 시험실 내 응시자 정보 확인 | 응시자 유의사항 확인 및 동의 | 응시 | 시험 종료 |

**01**

**사전 지문등록**　　사전 지문 등록 후 시험장에 입실합니다.

**시험실 내
응시자 정보 확인**

모니터에 좌석 번호와 성명, 응시분야 및 과목을 확인할 수 있는 화면이 전시됩니다.

TYPE : 조종/Pilot
SUBJECT : 조종/Pilot

Seat Number
1

1999.12.12
홍길동

이미지 출처 : 한국 교통안전공단

CHATER 01. New EPTA 시험 소개

**응시자 유의사항 확인 및 동의**

응시자 유의사항을 확인 후 해당 내용에 동의하는 화면입니다. 유의사항에 동의 후 시험 응시가 가능합니다.

## Notice & Caution    English

<항공영어구술능력증명시험 응시자의의무사항 안내>
- 신원정보를 확인 : 이름, 생년월일
- 응시 정보 확인 : 자격 과목, 좌석번호
- 시간 준수 : 입실시간, 시험 시작/종료 시간
- 장비 점검 : 헤드폰 음량, 녹음
- 부정행위 금지
- 관리자 지시 협조
  - 지정된 사물함을 사용하고 지정된 좌석에 착석해 주세요
  - 헤드셋을 착용하고 모자, 마스크 또는 선글라스를 벗어주세요

<항공영어구술능력증명시험 응시 주의 및 금지사항 안내>
- 부정행위에 대한 조치 : 시험 무효처리 되고, 응시자는 퇴장 명령을 받습니다.
- 부정행위에 대한 응시 제한 : 자격박탈 및 2년간 시험응시 제한(항공안전법 제45조 및 시행규칙 제97조)

<항공영어구술능력증명시험 응시 정보사항 안내>
- 시간제한 : 각 문항은 응답시간(20초~90초)이 있으며 총 시험시간은 50분입니다
- Say again : "삐" 소리가 들리기 전에 모든 질문에 대해 Say again을 한번 사용할 수 있습니다.
- 시험결과 : 시험결과는 2주 후 홈페이지에서 확인 할 수 있습니다
- 시험감시 : 모든 상황은 CCTV에 기록 됩니다
- 이의신청 : 성적발표 후 90일이내에 이의제시를 신청할 수 있습니다
- 긴급호출 : 비상 상황일 때, 책상 우른쪽 상단에 있는 버튼을 누르면 관리자를 호출 할 수 있습니다

**No portable device!**

Cellphone   Camera   MP3 Player

이미지 출처 : 한국 교통안전공단

New EPTA 실전 연습

응시

시험 응시 전 EPTA 시험 화면 구성에 대한 안내 화면이 뜹니다. 시험 화면 구성을 익힌 후 시험장에 가는 것이 도움이 됩니다.

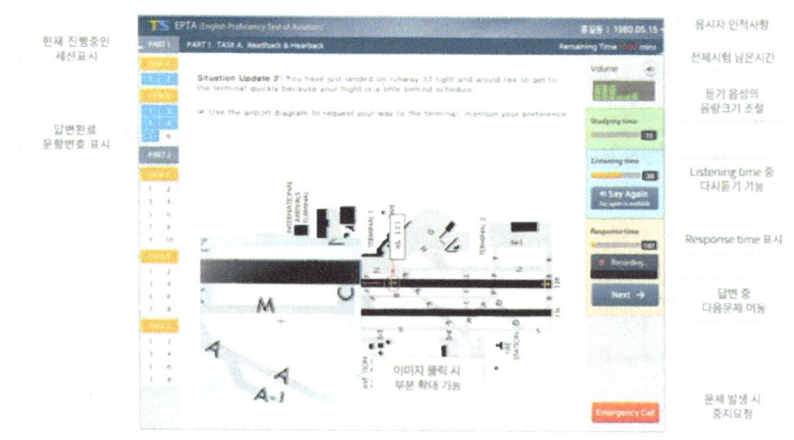

이미지 출처 : 한국 교통안전공단

CHATER 01. New EPTA 시험 소개

## 시험결과

시험 결과는 응시 후 2주 후에 받을 수 있습니다. 결과는 한국교통안전공단의 시험 결과 페이지에서 확인하실 수 있습니다. 시험 결과에 대한 공식증명서가 필요하신 경우 별도로 항공영어구술능력증명서를 발급 받아야 합니다.

# EPTA
ENGLISH PROFICIENCY TEST FOR AVIATION

합격통지일 : 2019년 12월 23일

| 성명(NAME) | : 홍길동 | 생년월일(D.O.B) | : 1991.10.14 |
| --- | --- | --- | --- |
| 시험일(TEST DATE) | : 2019.12.10 | 응시분야(FIELD) | : 조종사 |

### PROFILE A : TASK Performance

| | Pronunciation | Structure | Vocabulary | Fluency | Comprehension | Interaction |
| --- | --- | --- | --- | --- | --- | --- |
| LEVEL | 5 | 5 | 5 | 5 | 5 | 5 |

Your Level is  **5**

### PROFILE B : Descripton

**PRONUNCIATION**

**FLUENCY**

**STRUCTURE**

**COMPREHENSION**

**VOCABULARY**

**INTERACTION**

한국교통안전공단 이사장

이미지 출처 : 한국 교통안전공단

## 6 New EPTA 5등급 시험 신청 기본 정보

| | |
|---|---|
| 지원 자격 | 제한없음 |
| 시험 시행 | 매주 화요일 및 월 1회의 토요일 정기 시험 (5등급 이하) |
| 응시 제한 | 없음 |
| 응시 수수료 | 123,000원 |
| 접수 방법 | 한국교통안전공단 홈페이지에서 신청<br>(http://www.kotsa.or.kr/main.do) |
| 시험 장소 | 항공시험처 사무실 (서울 마포구) |
| 시험 시간 | 09:30, 11:00, 13:30, 15:00 |
| 합격 발표 | 2주 후 |

# CHAPTER 02

## New EPTA
## 관제 기본 지식

01. ICAO
    International Radiotelephony Spelling Alphabet
02. Call-Sign 마스터 하기
03. 항공에서 사용하는 수치 말하기
04. 항공관제영어 구조 알아보기
05. 자주 쓰이는 교신 표현 총 정리

# New EPTA
# 관제 기본 지식

## 1 ICAO International Radiotelephony Spelling Alphabet

ICAO Spelling Alphabet은 소음이 많은 환경에서 정확한 정보전달력을 위해 만들어졌습니다. EPTA는 ICAO Standard를 따르는 시험이기 때문에, ICAO에서 인정하는 발음과 어법을 사용해야 합니다. 미국에서 FAA Rule에 익숙하신 분들은 익숙한 발음이라도 ICAO 기준 발음을 확인해 보는 것이 좋습니다.

| 글자 | 단어 | 발음 |
| --- | --- | --- |
| A | alpha | AL fah |
| B | bravo | BRAH voh |
| C | Charlie | CHAR lee |
| D | delta | DEL tah |
| E | echo | EKK oh |
| F | foxtrot | FOKS trot |
| G | golf | Golf |
| H | hotel | HO tell |
| I | India | IN dee ah |
| J | Juliet | JEW lee ett |
| K | Kilo | KEY loh |
| L | Lima | LEE mah |
| M | Mike | Mike |
| N | November | NOH vem ber |
| O | Oscar | OSS car |
| P | papa | PAH pah |
| Q | Quebec | keh BECK |
| R | Romeo | ROW me oh |
| S | sierra | see AIR ah |
| T | tango | TANG go |
| U | uniform | YOU nee form |
| V | Victor | VIK ter |
| W | whiskey | WISS key |
| X | X-ray or Xray | EKS ray |
| Y | Yankee | YANG kee |
| Z | Zulu | ZOO luu |

| Numeral Element | Pronunciation |
|---|---|
| 0 | ZE-RO |
| 1 | WUN |
| 2 | TOO |
| 3 | TREE |
| 4 | FOW-er |
| 5 | FIFE |
| 6 | SIX |
| 7 | SEV-en |
| 8 | AIT |
| 9 | NIN-er |
| . (decimal) | DAY-SEE-MAL |
| 100 | HUN-dred |
| 1000 | TOU-sand |

## 주의해야 할 발음들

**숫자 3** — 그냥 정확하게 t 발음으로 "트뤼"라고 발음하세요.

**숫자 5** — "Fife" 파이프라고 발음하면 듣는 사람이 v 발음으로 쉽게 인지합니다.

**숫자 9** — 끝에 er 발음을 붙여서 niner / 나이너 라고 발음합니다.
Nine이라고 하면 독일어로 "아니다"라는 의미여서 혼란을 막기 위함입니다.

**숫자 1,000** — th-로 시작하지만 숫자 3처럼 정확하게 t 발음으로 "타우젠드" 라고 발음하면 됩니다.

소수점은 ICAO 자료에서는 decimal로 말하는게 맞습니다. FAA에서는 point를 사용합니다.

## 2 Call Sign 마스터 하기

일반적으로 항공기 형식, 모델, 제작사 이름 등에서 딴 이니셜 영문자를 붙여서 등록번호를 말합니다.

| 호출 부호 | 말하는 방법 |
|---|---|
| HL123 | Hotel Lima one two three |
| DL5342 | Delta Lima five three four two |
| CA743 | Charlie Alpha seven four three |
| HL8786 | Hotel Lima eight seven eight six |

## 3 항공에서 사용하는 수치 말하기

1. 원칙 - 숫자는 대부분 한자리씩 따로 따로 말합니다. "분리된 수로 말하다" 라고 설명합니다.

2. 숫자만 말하는 경우 - 분리된 수로 말합니다.

가) 연속적인 숫자

| 숫자 | 말하는 방법 |
|---|---|
| 11,487 | One one four eight seven |
| 20,798 | Two zero seven niner eight |
| 13,984 | One three niner eight four |
| 18,712 | One eight seven one two |

나) 레이더 비콘 코드

| 비콘 코드 | 말하는 방법 |
|---|---|
| 1300 | One three zero zero |
| 2200 | Two two zero zero |

3. 거리 – mile 단위의 분리된 수로 말하고 뒤에 단위(miles)를 붙입니다.

| 거리 | 말하는 방법 |
|---|---|
| 11,487miles | One one four eight seven miles |
| 20,798miles | Two zero seven niner eight miles |
| 13,984miles | One three niner eight four miles |
| 18,712miles | One eight seven one two miles |

4. 속도 – 분리된 수로 말하고 뒤에 단위(knots)를 붙입니다.

| 속도 | 말하는 방법 |
|---|---|
| 240kt | Two four zero knots |
| 190kt | One niner zero knots |
| 200kt | Two zero zero knots |
| 80kt | Eight zero knots |

## 5. 시간

가) 24시간제로 시간의 두 자리 수와 분의 두 자리 수를 연속해서 분리된 수로 말합니다. UTC가 통상적인 기준입니다.

| 시간 UTC | | 말하는 방법 |
|---|---|---|
| 오전 1시 45분 | 0145 | Zero one four five |
| 오후 2시 30분 | 1430 | One four three zero |
| 오전 7시 | 0700 | Zero seven zero zero |
| 오후 9시 50분 | 2150 | Two one five zero |

나) UTC 이외의 시간도 함께 말할 때는 "zulu"를 사용해 구분한 다음, 끝에 기준을 밝힙니다.

| 시간 | | 말하는 방법 |
|---|---|---|
| 2030 UTC | 1230 PST | Two zero three zero zulu, one two three zero pacific |
| 1845 UTC | 0715 Local | One eight four five zulu, Zero seven one five local |

## 6. 주파수

가) 분리된 수로 말하며, 소수점 이하의 두 자리까지만 말합니다. 소수점은 decimal 이라고 합니다.
나) 단위 MHz는 생략하지만, kHz단위인 경우에는 뒤에 "kilo Hertz"를 반드시 붙여야 합니다

| 주파수 | 말하는 방법 |
|---|---|
| 134.65MHz | One three four decimal six five |
| 145.987MHz | One four five decimal niner eight |
| 127.4MHz | One two seven decimal four |
| 305kHz | Three zero five kilo Hertz |

## 7. 활주로

가) 앞에 Runway를 붙인 후에 분리된 수로 말합니다. 활주로에 L,R,C 가 부여된 경우, "Left", "Right", "Center"를 숫자 뒤에 붙여서 말합니다.

나) 숫자는 통상 두 자리 숫자로 말합니다. 5라고 하지 않고 05라고 말합니다.

| 활주로 | 말하는 방법 |
|---|---|
| 활주로 05 | Runway zero five |
| 활주로 25R | Runway two five right |
| 활주로 39L | Runway three niner left |
| 활주로 07C | Runway seven center |

## 8. 지표풍

가) 앞에 "wind"를 붙이고, 10 단위 풍향의 세 자리 수 방위를 분리된 수로 말합니다.
나) 뒤에 돌풍 (gust) 정보가 있을 경우에는 "gust"를 붙이고 knot 단위의 풍속을 분리된 수로 말합니다.
다) 단위(knot)는 생략합니다.

| 의미 | 표기 | 말하는 방법 |
|---|---|---|
| 30° 방위에서 20노트의 지표풍 | 03020KT | Wind zero three zero at two zero |
| 270° 방위에서 15노트의 지표풍, 30노트의 돌풍 | 27015G30KT | Wind two seven zero at one five, gust three zero |

## 9. 방위

가) 많은 경우 자북(magnetic) 기준으로 세 자리 수 방위를 분리된 수로 말합니다. 진북(true north) 일 경우에는 반드시 "true"라고 말해야 합니다.

나) 기수 방위는 앞에 "heading" 붙여서 말합니다.

| 기수방위 | 말하는 방법 |
|---|---|
| 235° | Heading two three five |
| 080° | Heading zero eight zero |
| 009° | Heading zero zero niner |

다) Traffic 경고 시, 다른 근접 항공기의 위치를 말해야 하는 경우에는, 내 항공기의 진행방향 (heading)을 12시로 기준삼고 시계방위로 말하는 경우에는 묶어서 말합니다.

| 시계 방위 | 말하는 방법 |
|---|---|
| 11시 방향 | Eleven o'clock |
| 9시 방향 | Niner o'clock |
| 12시 방향 | Twelve o'clock |
| 6시 방향 | Six o'clock |

라) Traffic 경고시, 다른 근접 항공기의 진행 방향을 말하는 경우에는 숫자로 말하지 않으며, 자북을 기준 삼아 8방위로 말하면서 "bound"을 붙입니다.

| 8방위 | 말하는 방법 |
|---|---|
| 북향 | North bound |
| 북동향 | Northeast bound |
| 동향 | East bound |
| 남동향 | Southeast bound |
| 남향 | South bound |
| 남서향 | Southwest bound |
| 서향 | West bound |
| 북서향 | Northwest bound |

## 10. 고도

가) 100 또는 1,000 단위로 분리된 수로 말합니다.

나) Feet는 생략해도 말하는데 크게 지장은 없습니다.

| 고도 | 말하는 방법 |
|---|---|
| 8,000ft | Eight thousand |
| 10,000ft | One zero thousand |
| 11,500ft | One one thousand five hundred |
| 13,900ft | One three thousand niner hundred |

다) 비행고도 : 비행고도가 전이고도 이상일 경우에는 앞에 "flight level"을 붙이고 백단위 이상의 수만 분리된 수로 말합니다. Feet 단위는 생략합니다.

| 비행고도 | | 말하는 방법 |
|---|---|---|
| FL170 | 17,000ft | Flight level one seven zero |
| FL255 | 25,500ft | Flight level two five five |

비행고도가 전이고도 이하일 경우, "hundred"또는 "thousand"를 적절히 붙여서 분리된 수로 말합니다. 단위인 feet는 생략해도 무방하며 앞에 Altitude를 붙이지 않아도 됩니다.

| 비행 고도 | 말하는 방법 |
|---|---|
| 5,900ft | Five thousand niner hundred |
| 10,600ft | One zero thousand six hundred |

전이고도 이하에서는 해수면 고도 "Altitude," 전이고도 이상에서는 기압고도 "Flight level"을 사용합니다. 지형이나 기후에 따라 기압의 차이가 생기기 때문에 지역에 따라 달라집니다.

## 11. 고도계 수정치

가) 앞에 "Altimeter"를 붙이고 분리된 수로 말합니다. 소수점과 단위를 생략합니다.
나) 앞에 "QNH"를 붙이고 분리된 수로 말합니다. 단위는 생략합니다.

| 고도계 수정치 | 말하는 방법 |
|---|---|
| 30.04inHg | Altimeter, three zero zero four |
| 1019hPa | QNH, one zero one niner |

# 4 항공관제영어 구조 알아보기

## 1. 기본형

가) 학습의 목적상 기본 구조를 다음과 같이 정리합니다 (다른 형식이 있을 수 있습니다).

| | |
|---|---|
| ① | 교신할 시설 |
| ② | 항공기의 Call Sign |
| ③ | 위치와 고도 |
| ④ | 복창 |
| ⑤ | 확인/긍정/부정 |
| ⑥ | 부정사유 |
| ⑦ | 전달사항, 요청사항 |
| ⑧ | 요청사유 |

### ① 교신할 시설(대상)

Tower(비행장관제), Approach(접근관제), Departure(출항관제), Ground(지상이동관제), Control(지역관제). 첫 교신이 아닐 경우 시설은 생략할 수 있습니다.

② 항공기의 Call-sign

EPTA에서 항상 사용되는 call-sign은 Hotel Lima one two three (HL123) 입니다.

③ 위치와 고도

현재의 위치와 고도를 같이 말해야 하는 경우가 일부 있을 수 있습니다. 이때는 "maintaining flight level three four zero" 처럼 call-sign 뒤에 붙여서 말합니다.

④ 복창

ATC의 지시 중에서 안전과 직결된 정보 내용은 반드시 복창(readback)을 해야 합니다.

- 이착륙 허가 (cleared to land/cleared to take off)
- 사용 활주로 (runway)
- 활주로 진입 (enter)
- 횡단 (taxi)
- 역주행 (backtracking)
- 고도계 수정치 (QNH와 altimeter)
- 고도지시 (flight level 및 altitude)
- 기수 방향 (heading)
- 속도 (knots)
- 교신 주파수 (contact~)
- Transponder 조작 (squawk and ident)

## ⑤ 확인/긍정/부정

- Roger : "당신의 지시/의도를 전부 알아 들었다"는 의미
- Wilco : Roger보다 강력한 표현이며 점차 잘 쓰이지 않고 있음
- Roger나 Wilco를 썼다고 해서 readback 내용을 생략할 수 없습니다
- Unable : "당신의 지시/의도에 따를 수 없는 상황"라는 의미
- Negative : "아니다, 틀렸다"라는 의미. 항공영어 표현에서는 No 라고 하지 않습니다
- Affirmative : "그렇다, 맞다"라는 의미. 항공영어 표현에서는 Yes라고 말하지 않습니다

## ⑥ 부정 사유

Unable을 사용 했을 때, 그에 대한 이유를 밝히려면 "due to~"라고 말합니다.

## ⑦ 전달사항, 요청사항

- 조종사의 의도(intention)를 말합니다. 관제사는 지시(instruction)를 말합니다.
- 조종사는 "request"이라는 말로 관제사에게 요청을 할 수 있습니다.
- 잘 이해하지 못하거나 잘 듣지 못하였을 때 "say again"이라고 말합니다.

## ⑧ 요청 사유

조종사는 "request" 다음에, 관제사는 전달사항 다음에 "due to~"를 붙이고 그에 대한 이유를 말합니다.

## 5. 자주 쓰이는 교신 표현 총 정리

시험에 자주 등장하며 실수하기 쉬운 표현들만 뽑아 정리하였습니다.

### 가. 지상 이동간의 문제 상황

**외부적 요인: 경로상의 장애물**

- Request another taxi instruction due to another traffic on taxiway Alfa (다른 항공기)
- Unable to taxi via Echo due to debris (잔해)
- Taxiway Bravo is blocked by a disabled aircraft (고장 난 항공기)
- We see an animal on the taxiway (동물)
- The gate is already occupied (게이트 이미 사용중)

**내부적 요인: 항공기 자체의 문제 또는 객실 상황**

- Request taxi back to gate due to problem with the aircraft (기체 문제)
- Request taxi back to gate due to problem with passenger (승객 문제)
- Request taxi back to gate due to a sick passenger (환자 발생)
- Holding present position due to problem in the cabin (객실 문제)
- We have an unattended baggage in the cabin (객실에 의심 수하물)
- We have a problem in the cabin (객실 문제)

## 순항간의 문제 상황

### 외부적 요인: 악천후, 난기류

- Request deviate one four miles to the right due to bad weather (악천후)
- Request climb to flight level two one zero to turbulence (난기류)

### 내부적 요인: 연료, 스케줄

- Request descend flight level two seven zero due to low fuel temperature (연료 온도가 낮아서)
- Unable flight level two three zero due to performance (항공기 사정으로 인해서)
- Request increase speed mach point seven five due to low fuel temperature (연료 온도가 낮아서)

## 이륙 간, 이륙 준비간의 문제 상황

- Holding present position due to another traffic on runway (활주로에 다른 항공기)
- Require de-icing before departure (방빙 작업 필요)
- We see birds on the runway (활주로에 새떼)
- Require GPU (지상 동력 장치 필요)
- APU is not ready (APU 준비되지 않았음)

## 라 착륙 간, 공중대기간의 문제 상황

- Request full length due to performance (활주로 끝까지를 사용해야 할 때)
- Request runway lights to maximum intensity (활주로 조명을 최대한 밝게)
- Unable to hold three zero minute due to one zero minutes of fuel remaining (10분의 연료양이 남음)
- Low fuel on board, request landing priority if possible (남은 연료가 얼마 없어 우선 착륙 요청)
- Runway one five is unusable due to runway excursion (활주로 이탈 사고)

## 마 기타 표현

- Say your position (현재 위치를 말하라)
- Say your intention (조종사의 의도는 무엇인가?)
- Request another available gate (다른 가용한 게이트)
- Request another taxi instruction (다른 지상이동 경로)
- Execute missed approach (복행하라)
- Report when airborne (이륙하면 보고하라)
- Report when ready (준비되면 보고하라)
- Runway is slippery (활주로가 미끄럽다)
- Request landing priority (착륙 최우선권 요청)
- Mayday, Mayday, Mayday (긴급 상황 – 인명피해 및 심각한 기체 손상이 예상되는 상황)
- Pan-pan, Pan-pan, Pan-pan (긴급 상황 – 인명피해 및 심각한 기체 손상은 예상되지 않음)

# Part 1
## Listen and Response

일반교신 메시지 또는 상황에 대한 청해력이 가장 높게 요구되는 파트입니다. RT(Radiotelephony) 메시지를 듣고, 교신대화 기법에 맞게 적절히 응대하는지 평가하는 파트입니다.

**Task A.** Readback & Hearback
**Task B.** Checking, Clarifying, Confirming, Informing

**CHAPTER 03**

# Part 1: Task A
Readback & Hearback

01. 시험 개요
02. 평가 가이드라인
03. 합격 TIP!
04. 자주 쓰이는 핵심 단어 정리
05. 기초 다지기
06. 실전 연습 Test

# Part 1: Task A
# Readback & Hearback

## 1 시험 개요

| | |
|---|---|
| 문항 수 | 4문항 |
| 응답 시간 | 20초 |
| 내용 | 기본적인 교신 능력 평가로 ATC의 지시사항에 맞게 표준교신영어로 readback |
| 평가 | 문항별 개별 평가 |
| 점수 비중 | 10% |
| 진행 순서 | 관제사 지시 → 응답 녹음 |
| 안내사항 | 1. 전자패드로 메모 가능<br>2. 문항당 1회의 Say Again (다시 듣기) 사용 가능 |

## 2 평가 가이드라인

✓ 표준 교신속도/발음/억양의 사용 여부

✓ 필요한 정보의 효율적 전달 능력 평가

✓ 정확한 표준 교신용어의 사용 여부

✓ 관제 지시 후 교신 응대의 즉시성 여부

# 3 합격 TIP!

1. 올바른 readback이란 운항절차에 필요한 필수 사항을 모두 포함한 readback을 뜻함

2. 필수사항은 아니지만 전체 readback 해도 감점되지 않음

3. 언어평가가 목적이므로, 너무 짧은 readback시 발음/억양/속도 등을 표준에 맞게 하는 것이 평가자가 이해하는 데 용이 할 수 있음

4. Full Readback 또는 Correct Readback이라 함은 운항절차/상황에서 반드시 응답해야 할 모든 요소를 readback이라고 말함

5. 반드시 복창해야 하는 사항들

- 이착륙 허가 (cleared to land/cleared to take off)
- 사용 활주로 (runway)
- 활주로 진입 (enter)
- 횡단 (taxi)
- 역주행 (backtracking)
- 고도계 수정치 (QNH와 altimeter)
- 고도지시 (flight level 및 altitude)
- 기수 방향 (heading)
- 속도 (knots)
- 교신 주파수 (contact~)
- Transponder 조작 (squawk and ident)

## 04 자주 쓰이는 핵심 단어 정리

| 단어 | 뜻 |
|---|---|
| ATC (Air Traffic Control) | 공항 관제 |
| Cleared for takeoff | 이륙 허가 |
| Cleared to land | 착륙 허가 |
| Climb to | 상승 |
| Descend | 하강 |
| Hold Short | 잠시 대기 |
| Intention | 의도 |
| Landing Priority | 착륙 우선권 |
| Request | 요청 |
| Runway | 사용할 활주로 |
| Squawk | 트랜스폰더에 기입 |
| Standby | 대기 |
| Taxi cross runway | 횡단 |
| Taxi to runway | 활주로로 이동 |
| Vacate runway | 활주로 이탈 |

## 5 기초 다지기

### Question 1

**ATC:** HL123, continue descend to three thousand feet, reduce speed to one eight zero knots.

해석: HL123, 계속해서 3000 피트로 하강하고, 속도를 180노트로 줄여라.

**Pilot:** Continue descend three thousand, reduce speed to one eight zero knots, HL123.

해석: 계속해서 3000 피트로 하강하고, 속도를 180노트로 줄인다, HL123.

### Question 2

**ATC:** HL123, climb to flight level one seven zero due to traffic at your three o'clock, report reaching.

해석: HL123, 3시 방향 항공기가 있으니 17,000피트로 상승해서 도달하면 보고하라.

**Pilot:** Climb to flight level one seven zero, report reaching, HL123.

해석: 17,000 피트로 상승하고, 도달하면 보고한다, HL123.

## Question 3

**ATC:** HL123, vacate via first left, hold short of Alpha, contact ground, one three two decimal six.

해석: HL123, 첫 번째 교차점에서 좌회전하여 이탈한 후 A에서 잠시 대기, 지상관제소에 주파수 132.6로 교신한다.

**Pilot:** Vacate via first left, hold short of Alpha, contact ground, one three two decimal six, Hotel Lima one two three.

해석: 첫 번째 교차점에서 좌회전하여 이탈한 후 A에서 잠시 대기, 지상관제소에 주파수 132.6로 교신한다, HL123.

## Question 4

**ATC:** HL123, cleared to Gimpo airport, runway three five left, VENTURA five departure, climb and maintain four thousand, Golf five six seven, expect flight level two two zero, squawk three four five niner.

해석: HL123, 김포 공항 방향 이륙허가, 활주로 35L, VENTURA 5 출발, 항로 G567, 비행고도 4,000피트 상승후 유지, 비행고도 22,000피트 예상, 트랜스폰더에 3459 기입하라.

**Pilot:** Cleared to Gimpo airport, runway three five left, VENTURA five departure, climb and maintain four thousand, Golf five six seven, expect flight level two two zero, squawk three four five niner, Hotel Lima one two three.

해석: 김포 공항을 향해 이륙허가, 활주로 35L, VENTURA 5 출발, 항로 G567, 비행고도 4,000피트 상승 후 유지, 비행고도 22,000피트 예상, 트랜스폰더에 3459 기입, HL123.

CHATER 03. New EPTA Part 1 – Task A 실전 연습

## 6 실전 연습 Test

✓ MP3 파일은: www.goepta.com 에서 확인

✓ 모범 답안은 부록에서 확인 가능

### Question 1

**ATC:** HL123, reduce speed 150, information PAPA now current.

(record your full readback) (Ping)

Pilot: _____

### Question 2

**ATC:** HL123, taxi to runway three two, via Bravo, Charlie, hold short of runway three five.

(record your full readback) (Ping)

Pilot: _____

✎ MEMO

## Question 3

**ATC:** HL123, turn left heading three one zero, and maintain flight level one seven zero.

(record your full readback) **(Ping)**

**Pilot:** _____

## Question 4

**ATC:** HL123, Good morning, cleared to Songtan, HULKK three departure, Julia runway, flight level 350, departure runway 34, squawk 3548.

(record your full readback) **(Ping)**

**Pilot:** _____

📝 MEMO

## Question 5

**ATC:** HL123, descend to niner thousand, reduce speed to one seven zero, due to separation.

(record your full readback) (Ping)

Pilot: _____

## Question 6

**ATC:** HL123, cleared direct, GUKDO, climb and maintain 8,000.

(record your full readback) (Ping)

Pilot: _____

MEMO

## Question 7

**ATC:** HL123, taxi to runway three five, via Bravo, Delta, hold short of runway three zero.

(record your full readback) **(Ping)**

**Pilot:** _____

## Question 8

**ATC:** HL123, be advised, you are flying towards a restricted area, turn left three zero degrees.

(record your full readback) **(Ping)**

**Pilot:** _____

📝 MEMO

## Question 9

**ATC:** HL123, altimeter two niner decimal niner two wind two seven zero at 15, cleared for take off runway three three left.

(record your full readback) **(Ping)**

**Pilot:** _____


## Question 10

**ATC:** HL123, turn right heading two one zero. Descend and maintain Flight level one two zero.

(record your full readback) **(Ping)**

**Pilot:** _____

*MEMO*

# CHAPTER 04

## Part 1: Task B
### Checking, Clarifying, Confirming, Informing

01. 시험 개요
02. 평가 가이드라인
03. 합격 TIP!
04. 자주 쓰이는 핵심 단어 정리
05. 기초 다지기
06. 실전 연습 Test

# Part 1: Task B
# Checking, Clarifying, Confirming, Informing

## 1 시험 개요

| 문항 수 | 6문항 |
|---|---|
| 응답 시간 | 20초 |
| 내용 | 기본적인 교신 능력 평가로 ATC의 지시사항에 맞게 표준교신영어로 readback |
| 평가 | 문항별 개별 평가 |
| 점수 비중 | 20% |
| 진행 순서 | 상황정보 제시 → 관제지시 → 응답 녹음 |
| 안내사항 | 1. 전자패드로 메모 가능<br>2. 문항당 1회의 Say Again (다시 듣기) 사용 가능 |

## 2 평가 가이드라인

- ✓ Task B는 상황정보 이해력 및 해당 교신에 대한 적절한 응대력을 평가함
- ✓ 처음 들려지는 상황정보에 근거하여 이어지는 관제 지시에 적절히 대응
- ✓ 상황정보 및 ATC의 교신에 따라 플레인 영어 사용이 요구될 수 있음
- ✓ 표준 교신속도/발음/억양의 사용 여부 및 정보의 효율적 전달능력 평가
- ✓ 플레인 영어 사용 시 정확한 의미를 효율적으로 전달하였는지 평가

CHATER 04. New EPTA Part 1 - Task B 실전 연습

## 3  합격 TIP!

1. 표준 교신 영어: 요구되는 교신내용에 맞게 표준 교신 용어를 사용하여 전달해야 합니다.

2. 상황정보(prompt) 음성에는 교신 용어상 플레인 영어(발음)로 들려질 수 있습니다. 이에 대해 응시자는 필요 시 올바른 교신용어(발음)로 응답해야 합니다.
   - 예: 음성에서 "B6"를 "Bi Six"라고 발음하더라도 응시자는 "Bravo Six"라도 응대해야 합니다.

3. 발음은 미국식과 영국식이 혼합되어 있습니다. 영국식 발음에 익숙해지는 연습을 추천 드립니다.

4. 최대한 간결하게 합니다. 더 이상 줄일 수 없을 만큼의 정도로 짧게 말합니다.

## 04 자주 쓰이는 핵심 단어 정리

| 단어 | 뜻 |
|---|---|
| ATC (Air Traffic Control) | 공항 관제 |
| Contact departure | 출발 통제 교신 |
| Deviate | 우회 |
| Due to~ | ~ 때문에 |
| Expect ILS approach | ILS 접근을 예상하라 |
| Fly heading 270 | 기수를 270° 방위로 향하라 |
| Heading | 헤딩 (기수방위) |
| Intersection | 교차로 |
| Instructs you | 지시하다 |
| Maintain | 유지 |
| Obtained | 받다, 얻다 |
| Radar vectored | 레이더 유도 |
| Reduce speed | 감속 |
| Takeoff | 이륙 |
| Turbulence | 난기류 |

## 5　기초 다지기

### Question 1

**ATC:** Instructs you to maintain 250 knots for en-route separation. But you are now experiencing turbulence at 250 knots. Now ATC contacts you. Respond accordingly.

해석: 관제사가 속도 250노트 유지하라고 지시함. 하지만 당신은 250노트에 난기류를 경험하고 있음. 관제사가 교신함. 이에 대해 적절하게 대응하라.

**ATC:** HL123, confirm maintaining 250 knots?

해석: 속도 250노트 유지 확인 바람, HL123.

---

*Text clue: Request reduce speed 220 knots
텍스트 클루: 속도 220노트로 감속 요청해라.

---

**Pilot:** Control, unable to maintain 250 knots due to turbulence, request 220 knots until out of turbulence area, HL123.

해석: 관제, 난기류 때문에 속도 250노트 유지 불가, 난기류 벗어날 때까지 속도 220노트 감속 요청, HL123.

## Question 2

You contact departure frequency after takeoff. Now ATC contacts you. Acknowledge and respond accordingly.

해석: 이륙 후 출항 통제로 교신 한다. 이제 관제사에서 교신함. 적절하게 대응하라.

**ATC:** HL123, follow Incheon 1 departure. Climb via SID.

해석: 인천 출발 1로 가라. SID로 상승, HL123.

**Pilot:** Follow Incheon 1 departure, climb via SID, HL123.

해석: 인천 출발 1로 가겠음. SID로 상승 확인. HL123.

## Question 3

You are being radar vectored for the approach. ATC instructs you to turn to heading zero five zero. But you mistakenly turned to a heading which was different than the ATC instruction. Now ATC contacts you, respond accordingly.

해석: 당신은 레이더 유도를 받아 접근으로 이동 중이다. 관제에서 헤딩 050로 틀라고 한다. 하지만 당신은 실수로 다른 방향으로 틀었다. 이제 관제사로부터 교신이 온다, 적절하게 대응하라.

**ATC:** HL123, confirm maintaining heading 050?

해석: HL123, 헤딩 050을 유지하고 있는가?

**Pilot:** Control, my mistake, we are turning back to heading zero five zero, HL123.

해석: 관제, 내 잘못, 헤딩 050로 수정하겠음, HL123.

## Question 4

You have got a clearance from tower control and you want to confirm present heading until cross Gukja. Now ATC contacts you. Acknowledge and respond accordingly.

해석: 타워 관제에서 최종 승인을 받아 당신은 국자까지 헤딩을 확인하려고 한다. 이제 관제에서 교신이 온다. 적절하게 대응하라.

ATC: HL123, cleared to Daegu flight level two seven zero, cross Gukja flight level one three zero, if unable, maintain flight level one one zero.

해석: HL 123, 대구까지 비행 고도 270, 국자까지 비행고도 130, 불가하면 비행고도 110 유지

Pilot: Control, cleared to Daegu FL270, cross Gukja FL130 or confirm present heading to maintain until cross point, if unable maintain FL110, HL123.

해석: 대구까지 비행고도 270, 국자까지 비행고도 130, 불가하면 비행고도 110 유지. HL123.

## Question 5

You are ready to taxi to the active runway and ATC contacts you. Acknowledge and respond accordingly.

해석: 활주로로 이동중인 상황에서 관제사에서 교신이 온다. 적절하게 대응하라.

**ATC:** HL123, right Sierra, Gold, India cross runway three three left. Follow Jet Blue one niner.

해석: HL123, 오른쪽 시에라, 골드, 인디아 좌회전으로 활주로 33 횡단. 젯 블루 19 따라가라.

**Pilot:** Control, right Sierra, Gold India cross runway three three left. Follow Jet Blue one niner.

해석: 오른쪽 시에라, 골드, 인디아 좌회전으로 33 횡단. 젯 블루 19 따라가겠음, HL123.

## Question 6

ATC instructs you to deviate 5 miles right and reduce speed to 150 knots due to a weather problem. Now ATC contacts you. Respond accordingly.

해석: 관제사는 난기류 때문에 5마일 우로 우회하여 속도 150노트로 감속을 지시한다. 이제 관제사에서 교신이 온다. 적절하게 대응하라.

**ATC:** HL123, deviate five miles right and reduce speed to one five zero knots due to weather problem.

해석: HL123, 난기류 때문에 5마일 우로 우회하여 속도 150노트로 감속하라.

**Pilot:** Control, deviate five miles right and reduce speed to one five zero knots, HL123.

해석: 관제, 난기류 때문에 5마일 우로 우회하여 속도 150노트로 감속 확인, HL123.

CHATER 04. New EPTA Part 1 - Task B 실전 연습

## 6 실전 연습 Test

✓ MP3 파일은: www.goepta.com 에서 확인

✓ 모범 답안은 부록에서 확인 가능

### Question 1

You have just taken off, but during the climb out you lost thrust engine number 1 because of a bird strike. You decide to turn back. Ask for ILS approach runway 17. Now ATC contacts you.

**ATC:** HL123, are you returning? Report your status?

(Ping)

Pilot: _____


### Question 2

Before taxiing, you have checked before taxi checklist items then you want to obtain a progressive taxi clearance from ground control to run-up area of runway because you are unfamiliar with the airport. Now ATC contacts you. Acknowledge and respond accordingly.

**ATC:** HL123, taxi to Romeo 7 via taxiway Sierra then Tango.

(Ping)

Pilot: _____

### Question 3

You are being instructed to the right from own your en-route course, and you want to clarify offset value. Now ATC contacts you. Acknowledge and respond accordingly.

**ATC:** HL123, 1 mile off set to the right until Gukdo.

**(Ping)**

Pilot: _____

### Question 4

During an approach to the intermediate fix, you are cleared for approach to landing runway with MIKE. Now ATC contacts you. Acknowledge and respond accordingly.

**ATC:** HL123, report established on final approach course confirm ATIS information.

**(Ping)**

Pilot: _____

📝 MEMO

## Question 5

After completion of before taxi checklist items, you have obtained a taxi clearance from a ground control you want to confirm a sequence to taxi again. Now ATC contacts you. Acknowledge and respond accordingly.

**ATC:** HL123, right at Echo then taxiway Whisky, Sierra, Lima hold short of runway three three right.

(Ping)

Pilot: _____


## Question 6

You are now descending from en-route altitude you want to clarify the reason of instruction. Now ATC contacts you. Acknowledge and respond accordingly.

**ATC:** HL123, stop descent at flight level one five zero.

(Ping)

Pilot: _____

## Question 7

You are now level flight to the destination airport. Now ATC contacts you. Acknowledge and respond accordingly.

*Text clue: Confirm level flight.

**ATC:** HL123, Expedite descent to flight level one eight zero.

**(Ping)**

**Pilot:** _____

## Question 8

You are now IFR flight and you want to change into VFR flight. Now ATC contacts you, acknowledge and respond accordingly. Clarify the meteorological information.

**ATC:** HL123, say your intention.

**(Ping)**

**Pilot:** _____

📝 MEMO

## Question 9

You are moving into runway intersection to run-up area of runway and ATC contacts you. Acknowledge and respond accordingly.

**ATC:** HL123, taxi Alpha Golf Zulu Cross runway one five right and Bravo six.

(Ping)

Pilot: _____


## Question 10

You are on a run-up area and complete a run-up checklist items and handed off to Tower control. ATC contacts you to allow to line up. But you realize that there is a traffic on short final. Acknowledge and respond accordingly.

Text clue: Request cancel clearance and time delay.

**ATC:** HL123, line up and wait runway one seven right.

(Ping)

Pilot: _____

MEMO

# Part 2
# Radiotelephony Context Role-play

Part 2는 3개의 Task로 구성됩니다. 교신 상황으로 연출된 롤 플레이를 통해 상대방 (Pilot/ATC)과 표준 교신용어 또는 필요시 플레인 영어를 사용하여 응대해야 합니다.

Part 2의 롤 플레이는 교신상황 시나리오에 따라, 응시자의 응답의 횟수가 다소 차이가 있습니다. 평균 적게는 7~8회 많게는 12~14회까지 이어집니다.

---

**Task A.** Role-play & Follow Up
**Task B.** Extended Role-play: Single Incident/Emergency Related
**Task C.** Reporting About Task B & Hearback

# CHAPTER 05

## Part 2: **Task A**

Role-play & Follow Up

01. 시험 개요
02. 평가 가이드라인
03. 합격 TIP!
04. 자주 쓰이는 핵심 단어 정리
05. 기초 다지기
06. 실전 연습 Test

# Part 2: Task A
# Role-play & Follow Up

## 1 시험 개요

| | |
|---|---|
| 문항 수 | 7~12문항 & Follow up 1문항 |
| 응답 시간 | 30초, Follow up 90초 |
| 내용 | 비행/관제 단계가 최소 3개 이상 복합적으로 연계된 상황에서 관제사 또는 조종사로서 롤 플레이 |
| 평가 | Task 전체 수행력 평가 |
| 점수 비중 | 20% |
| 진행 순서 | 연속적인 비행 단계 또는 복합적인 상황의 롤 플레이<br>Initial situation → continued → situation update → continued |
| 안내사항 | 1. 전자패드로 메모 가능<br>2. 문항당 1회의 Say Again (다시 듣기) 사용 가능 |

## 2 평가 가이드라인

- ✓ 음성 또는 화면에 제공되는 Text Clue를 이용하여 지시대로 응대하는 능력
- ✓ 상황정보 및 ATC의 교신에 따라 요구되는 플레인 영어 사용능력
- ✓ 표준 교신속도/발음/억양의 사용 여부 및 정보의 효율적 전달능력 평가
- ✓ 교신 응대력(role-play)과 플레인 영어(follow-up) 능력을 전체적으로 평가

## 3　합격 TIP!

1. 교신 상황은 시간 제한 및 언어평가 목적에 따라 '인위적'일 수 있고, 상황 전개의 '비약'이 인정되므로 지시사항에 맞게 응답해야 함

2. 100% 컴퓨터와 상호작용하게 되므로, interaction은 응답 내용의 적절성, 유창성, 이해도 등과 연계하여 평가되며, 응답 직전 약간의 준비 시간은 용인됨. 다만 평가자가 느끼기에 매우 늦은 응답 또는 무응답은 평가에 영향을 미칠 수 있음

3. 핑 소리후 빠르게는 3초 안에 답변을 시작. 하지만 5초 이상 넘기면 감점 될 수 있음

4. 롤 플레이 전체의 응대 내용이 Operational(Level 4) 이상으로 판단될 경우, Follow-up에서의 플레인 영어 점수보다 우선하여 평가됨

5. 롤 플레이 전체 응대 내용이 Operational (Level 4) 이상으로 판단되고, follow-up에서의 플레인 영어 점수가 Extended(Level 5)로 판정되면, 해당 응시자의 Task A 수행력은 Level 5으로 평가됨

## 04 자주 쓰이는 핵심 단어 정리

| 단어 | 뜻 |
|---|---|
| Advise | 권고 |
| Altercation | 논의, 토론, 수정 |
| Contact departure | 출발 통제 교신 |
| Cruising | 크루징, 순항하다 |
| Glide path | 글라이드 패스 (지상의 신호 전파가 지시하는 착륙 코스) |
| Handed off | ~에게 넘겨지다 |
| Ident | Ident 버튼 누름 |
| In this scenario | 이런 상황에서 / 이러한 경우에서 |
| Maintain | 유지 |
| Passing altitude | 현재 지나가는 고도 |
| Report complete | 완료 보고 |
| Slight change | 약간의 변동 |
| Squawk | 트랜스폰더에 기입 |
| SID | 표준계기출발방식 |
| Vicinity | 인근/~ 부근에 |

# 5  기초 다지기

## Flight Paths

In this scenario, you will be the pilot flying HL123, which goes through 3 flight stages : Departure, Cruising, Arrival.

해석: 이 상황에서 당신은 HL123의 조종사로 3 단계의 비행을 할 것이다: 이륙, 크루즈, 및 착륙

## Initial Situation

You have started your climb into your destination airport and have been handed off to departure control. There maybe a slight change or altercation to your flight plan.

해석: 목적지 공항으로 비행하는 상황에서, 출항 관제로 넘겨졌다. 비행 계획이 조금 변경 될 수도 있다.

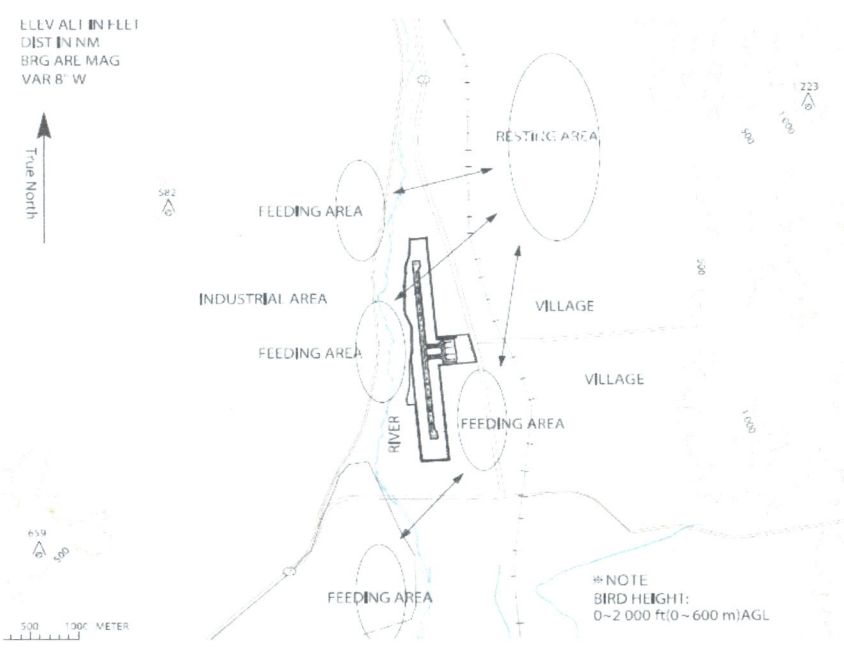

## Question 1

**ATC:** HL123, departure control, caution birds in the vicinity of airport.

해석: HL123, 여기는 출항 관제, 공항 인근 새떼 주의

**Pilot:** Caution bird, HL123.

해석: 새떼 주의 확인, HL123.


## Question 2

Listen to the controller's response and question. Give a full read-back, acknowledge positively.

해석: 관제사의 질문과 대응을 잘 듣고 긍정적인 리드백을 하라.

> ※ **SQUAWK 2044**
> 텍스트 클루: 트랜스폰더에 **2044** 코드 입력.

**ATC:** HL123, QNH one zero one two, verify your transponder set code two zero four four and ident.

해석: HL123, QNH 1012, 트랜스폰더 확인하고 코드는 2044 입력후 ident 눌러라.

**Pilot:** QNH 1012 transponder on set squawk code 2044, ident, HL123.

해석: QHN 1012, 트랜스폰더 코드 2044 입력후 ident, HL123.

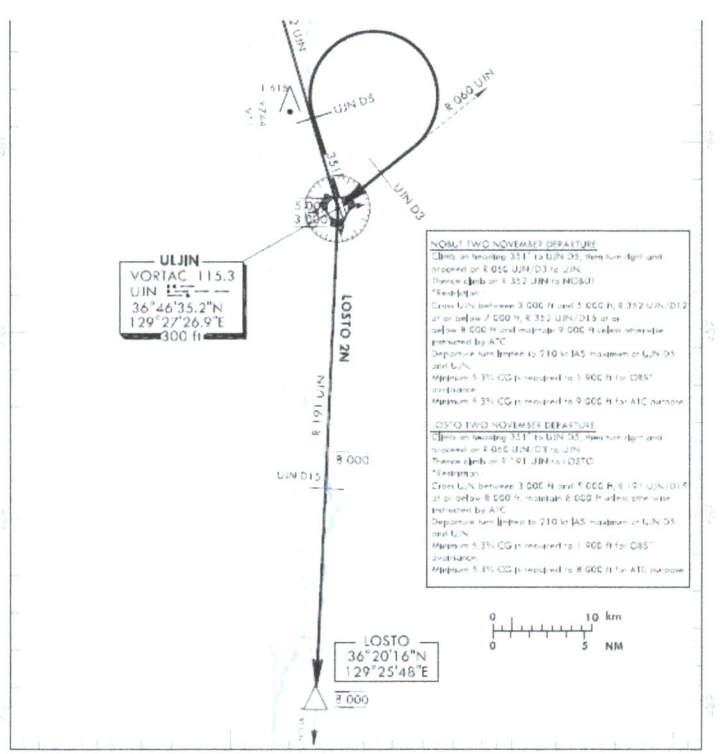

## Question 3

Listen to the controller's message and respond accordingly.

해석: 관제사의 메시지를 듣고 적절하게 대응하라.

> ※ **LOSTO 2N DEPARTURE**
> 텍스트 클루: 출발 LOSTO 2N

**ATC:** HL123, radar contact, report your SID.

해석: HL123, 레이더 포착, SID 보고하라.

**Pilot:** Climb via LOSTO 2N DEPARTURE and climb 8000, HL123.

해석: 출발 LOSTO 2N을 이용해 8000 피트까지 상승하라, HL123.

## Question 4

Listen to the controller's response, respond implying you have acknowledge and give a full read back.

해석: 관제의 반응을 잘 듣고, 답변할 때 상황에 대해 인정하고 전체를 복창하라.

**ATC:** HL123, cancel restriction cross Uljin VOR between 3000 feet and 5000 feet by pilot's discretion.

해석: HL123, 제한 취소하고 조종사의 판단으로 울진 VOR을 3000피트와 5000피트 사이로 횡단하라.

**Pilot:** Cross Uljin VOR at 3000, 4000, 5000, HL123.

해석: 울진 VOR을 3000피트, 4000피트와 5000피트로 횡단 확인, HL123.

## Question 5

Listen to the controller's response and give a full read back.

해석: 관제사의 교신을 듣고 그에 맞게 복창하라.

**ATC:** HL123, reduce speed nine zero knots and make one circle then report complete for separation.

해석: HL123, 속도를 90노트로 줄이고 한 바퀴 돈 다음 분리 완료를 위해 보고하라.

**Pilot:** Maintain speed niner zero knots and make one circle then report complete, HL123.

해석: 90노트 유지하고 한 바퀴 돈 다음 완료 후 보고하겠음, HL123.

## Question 6

You are now approaching over the Uljin VOR.

해석: 당신은 지금 울진 VOR로 접근하고 있다.

ATC: HL123, left turn heading one niner one, and climb and maintain 8000 feet then follow SID.

해석: HL123, 좌로 헤딩 191, 고도 8000피트로 상승 후 유지, 그리고 SID 따라가라.

Pilot: Turn left heading 191 and climb and maintain 8000 follow SID, HL123.

해석: 좌측 헤딩 191, 8000피트까지 상승 및 유지 후 SID 따라가겠음, HL123.

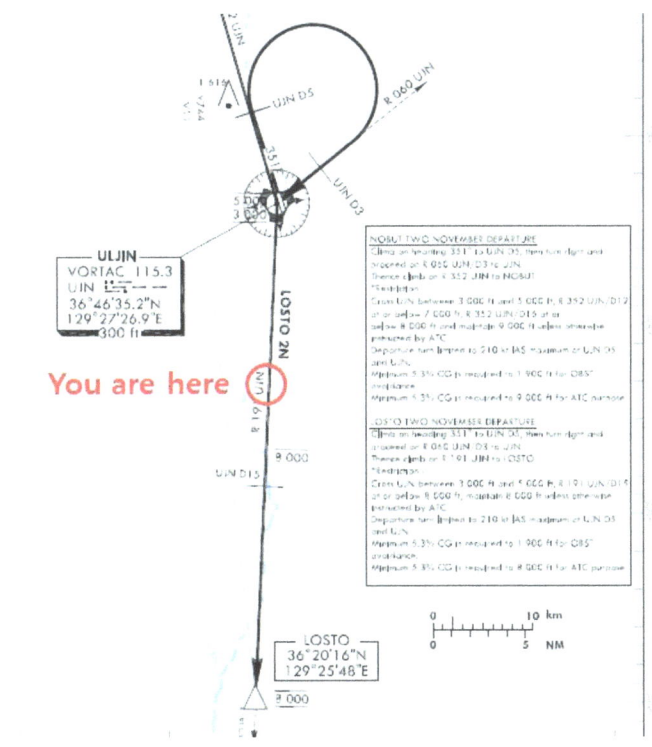

## Question 7

You are approaching waypoint. Listen to tower and give your full read back.

해석: 당신은 지금 중간지점을 접근하고 있다. 관제 교신을 듣고 복창 해라.

ATC: HL123, report your position.

해석: HL123, 현재 위치 보고.

Pilot: 10 miles south from UJN airport HL123.

해석: 울진 공항에서 남쪽으로 10마일, HL123.

## Question 8

**Situation Update**

You are now cruising enroute, suddenly your radio quality is getting worse.

해석: 당신은 지금 경유지로 순항중이다. 하지만 갑자기 교신 질이 안 좋아지고 있다.

Listen controller's response and respond accordingly.

해석: 관제의 반응을 잘 듣고 적절하게 대응하라.

ATC: HL123, contact Pohang approach 124.25 and descent and maintain 7000.

해석: HL123, 포항 접근 통제를 124.25에 교신하고 7000피트로 하강 후 유지하라.

Pilot: Control request radio check HL123.

해석: 무전 점검 요청한다, HL123.

## Question 9

You have checked and found that a radio frequency was little bit incorrect.

해석: 당신은 무전 확인을 통해 무전 주파수가 약간 다르다는 것을 알게 된다.

**ATC:** HL123, Control I can hear you loud and clear.

해석: HL123, 현재 위치 보고.

**Pilot:** 10 miles south from UJN airport HL123.

해석: 울진 공항에서 남쪽으로 10마일, HL123.

## Question 10

Listen Tower control and respond accordingly.

해석: 관제 교신을 듣고 적절하게 대응하라.

> ※ Text clue: ILS Yankee approach for runway 36
> 텍스트 클루: 36번 활주로 접근 위해 ILS 양키

**ATC:** HL123, radar contact Pohang approach say your type of approach

해석: HL123, 레이더 포착, 포항 접근이다, 현재 접근 방법을 보고하라.

**Pilot:** Request ILS Yankee approach for runway 36, HL123.

해석: 활주로 36번 ILS 양키 접근 요청한다, HL123.

## Question 11

You have just finished Task A, as the pilot of HL123.
In this situation, why did ATC advise caution? From your own experiences how common is it for you to ask for this type of request? Give an example.

해석: 당신은 HL123의 조종사로 Task A를 완료했다. 이런 상황에서 왜 관제는 주의를 하라고 했는가? 당신의 경험에서 이러한 요청을 하는 경우는 얼마나 자주 발생하는가? 예를 들어 말해보라.

**Pilot:** In this scenario, when HL123 is departing from the airport, ATC advises caution for birds in the vicinity of the airport. This is a common issue for a pilot, there might be bird activities near the airport or anywhere so PIC should pay attention to birds activities at all times.

해석: HL 123이 공항을 출발할 때 관제에서 공항 주변 새떼에 대해 주의를 준다. 공항근처나 어디서라도 새떼의 활동은 일어날수 있는 조종사에게는 흔한 일이다. 따라서 PIC는 언제든지 새떼 활동에 주의를 기울여야 한다.

CHATER 05. New EPTA Part 2 - Task A 실전 연습

## 6  실전 연습 Test

✓ MP3 파일은: www.goepta.com 에서 확인

✓ 모범 답안은 부록에서 확인 가능

### Flight Paths

In this scenario, you will be the pilot flying HL123, which goes through several phases.

### Initial Situation

You have started your climb into your destination airport and have been handed off to departure control. There maybe a slight change or altercation to your flight plan.

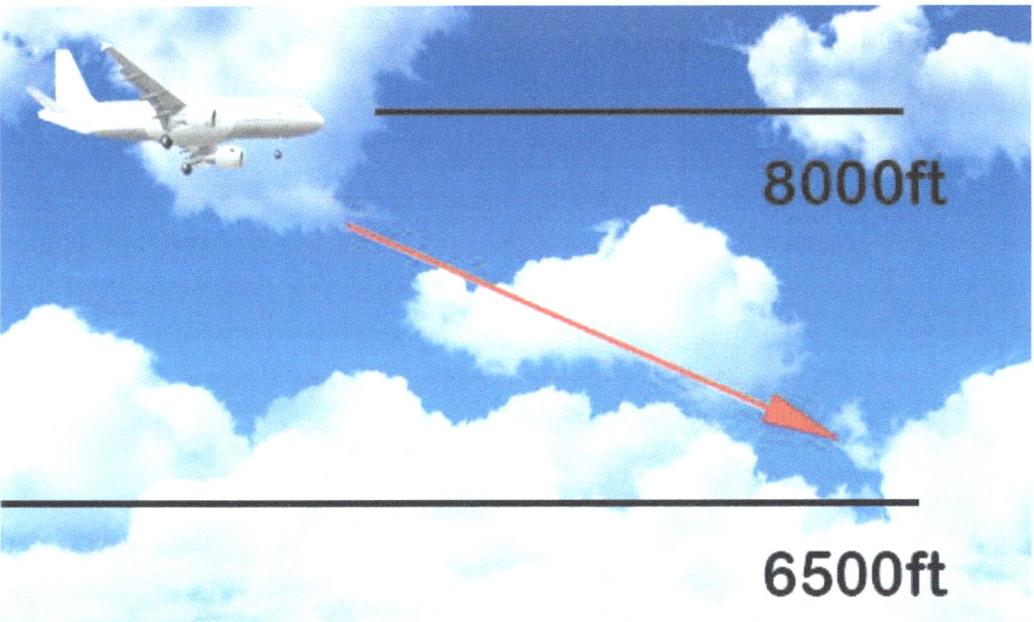

### Question 1

You have just taken off, but during the climb out you lost thrust engine number 1 because of a bird strike. You decide to turn back. Ask for ILS approach runway 17. Now ATC contacts you.

**ATC:** HL123, say your passing altitude.

**(Ping)**

**Pilot:** _____


### Question 2

You are approaching initial approaching fix. Listen to the controller's response and question. Give a full read-back, acknowledge positively.

> ※ **ILS Z RUNWAY 36 APPROACH**

(record your response)

**ATC:** HL123, say your intention.

**(Ping)**

**Pilot:** _____


🖉 MEMO

## Question 3

You are about to arrival initial approach fix, HAEGU, listen to the controller's message then respond accordingly.

※ Information Romeo.

**ATC:** HL123, descent and maintain 5000, Turn right heading 220, report leaving HAEGU, do you have information?

(Ping)

Pilot: _____

## Question 4

Listen to the controller's response, respond implying you have acknowledge and give a full read back.

**ATC:** HL123, reduce your approach speed 90 knots and continue for separation, report established on localizer.

(Ping)

Pilot: _____

## Question 5

Due to the low visibility ATC wants to check that you have recognized runway environment and you have identified runway lights. Listen to the controller's response and give a full read back.

**ATC:** HL123, caution low visibility verify you have runway in-sight

**(Ping)**

Pilot: _____

## Question 6

You have aligned aircraft on localizer for runway 36 and reported establishment to ATC.

**ATC:** HL123, contact tower control one one eight decimal seven five good day.

**(Ping)**

Pilot: _____

📝 MEMO

## Question 7

Now you are on localizer course. Listen to tower and give your full read back.

ATC: HL123, QNH one zero one two, cleared to land runway three six, you are too low for glide path.

(Ping)

Pilot: _____

## Question 8

**Situation Update**

You have passed final approach fix and approaching missed approach point, notify ATC your intention to maintain on glide-path.

ATC: HL123, can you maintain on-glide path, you are too low.

(Ping)

Pilot: _____

MEMO

## Question 9

You are unable to maintain on glide-path, You decided to execute missed approach.

**ATC:** HL123, caution you are too low.

**(Ping)**

**Pilot:** _____

## Question 10

Listen tower control and respond accordingly.

> ※ **Severe turbulence**

**ATC:** HL123, proceed to published missed approach and hold for another approach, report wind condition on short final.

**(Ping)**

**Pilot:** _____

📝 MEMO

## Question 11

You have just finished Task A, as the pilot of HL123.

In this situation, why did you execute missed approach? From your own experiences how common is it for you to do this type of maneuver? Give an example.

(Ping)

Pilot: _____

# CHAPTER 06

## Part 2: **Task B**
Extended Role-play: Single Incident/Emergency Related

01. 시험 개요
02. 평가 가이드라인
03. 합격 TIP!
04. 자주 쓰이는 핵심 단어 정리
05. 기초 다지기
06. 실전 연습 Test

# Part 2: Task B
# Extended Role-play: Single Incident/Emergency Related

## 01 시험 개요

| | |
|---|---|
| 문항 수 | 7~12문항 |
| 응답 시간 | 30초 |
| 내용 | 단일 사건의 비정상/비상 상황에서 문제 해결과정에서의 상황보고 또는 의사전달 능력 등에 필요한 언어 구사력 (플레인 영어의 빈도가 높아짐) |
| 평가 | Task 전체 수행력 평가 |
| 점수 비중 | 30% |
| 진행 순서 | 비정상 또는 비상 상황이 포함된 '단일' 사건의 롤 플레이<br>Initial situation → continued → situation update → continued |
| 안내사항 | 1. 전자패드로 메모 가능<br>2. 문항당 1회의 Say Again (다시 듣기) 사용 가능 |

## 02 평가 가이드라인

- ✓ 음성 또는 화면에 제공되는 Text Clue를 이용하여 지시대로 응대하는 능력
- ✓ 상황정보 및 ATC의 교신에 따라 요구되는 플레인 영어 사용능력
- ✓ 표준 교신속도/발음/억양의 사용 여부 및 정보의 효율적 전달능력 평가
- ✓ 교신 응대력(role-play)과 플레인 영어능력을 전체적으로 평가

## 3  합격 TIP!

1. 교신 상황은 시간 제한 및 언어평가 목적에 따라 '인위적'일 수 있고, 상황 전개의 '비약'이 인정되므로 지시사항에 맞게 응답해야 함.

2. 100% 컴퓨터와 상호작용하게 되므로, interaction은 응답 내용의 적절성, 유창성, 이해도 등과 연계하여 평가되며, 응답 직전 약간의 준비 시간은 용인됨. 다만 평가자가 느끼기에 매우 늦은 응답 또는 무응답은 영향을 미칠 수 있음.

3. 핑 소리 후 빠르게는 3초 안에 답변을 시작. 하지만 5초 이상 넘기면 감점 될 수 있음.

4. 플레인 영어 사용 빈도가 다소 높을 수 있고, 응대 내용의 정확도 및 유창도에 따라 Operational (Level 4)과 Extended(Level 5) 여부가 평가됨.

## 04 자주 쓰이는 핵심 단어 정리

| 단어 | 뜻 |
|---|---|
| Anticipate | 계획, 예상 |
| Approach light | 진입등 |
| Approved | 승인 받다 |
| Currently approaching | 현재 접근중 |
| Decelerate | 감속, 속도를 줄이다 |
| Due to~ | 뭐뭐 때문에 |
| Inoperative | 작동 불가 |
| Intensity | 강도 |
| Intermediate fix | 중간 픽스 |
| Malfunction | 오작동, 불량 |
| Maximum | 최대 |
| Offset | 오프셋, 절충교역 |
| Runway condition | 활주로 상태 |
| Segment | 부분 |
| Vacate | 떠나다, 비우다 |

CHATER 06. New EPTA Part 2 - Task B 실전 연습

## 5  기초 다지기

### Initial Situation

You are the pilot of HL123 and currently approaching into destination airport.

해석: 당신은 HL123의 조종사이다. 그리고 현재 공항으로 접근중이다.

### Question 1

Listen and respond accordingly.

해석: 잘 듣고 적절하게 대응하라.

**ATC:** HL123, continue approach, you are number 2.

해석: HL123, 접근로로 계속 이동, 순서는 2번째이다.

**Pilot:** Continue approach number 2, HL123.

해석: 접근로로 이동, 2번째, HL123.

## Situation Update

You are now passing intermediate fix and want a ILS category 2.

해석: 당신은 지금 중간 픽스를 통과중이며 ILS 카테고리 2를 원한다.

## Question 2

The controller contacts you.

해석: 관제사가 교신 한다.

**ATC:** HL123, runway condition is poor, standing water on the runway reported, braking action poor.

해석: HL123, 활주로 상태 미흡, 활주로에 고여 있는 물이 보고 되었음, 브레이크 작동이 제한됨

**Pilot:** Tower, HL123, roger request ILS cat 2 approach, HL123.

해석: 관제, HL123. ILS 카테고리 2 접근 요청, HL123.

## Question 3

Listen to the controller's response. Respond positively.

해석: 관제사의 교신을 듣고 긍정적으로 답변하라.

**ATC:** HL123, ILS cat 2 is inoperative due to malfunction of approach lights but ILS cat 1 minimum is operational.

해석: HL123, ILS 카테고리 2번은 진입등 때문에 현재 사용 불가, 하지만 ILS 카테고리 1번은 사용 가능

**Pilot:** Roger, request ILS cat 1 approach, HL123.

해석: 접근로로 이동, 카테고리 1번 , HL123.

## Question 4

**ATC:** Contacts you respond accordingly.

해석: 관제에서 교신하니 적절하게 대응하라

**ATC:** HL123, cleared ILS cat 1 approach.

해석: HL123, ILS 카테고리 1번 접근 승인한다.

Respond and state necessity of increasing intensity of the approach lights.

해석: 진입등 가까워질수록 빛의 강도가 높아지고 있다.

**Pilot:** Cleared ILS cat 1 approach, request increase intensity of the approach lights, they look dim, HL123.

해석: ILS 카테고리 1번 승인 확인, 접근 라이트의 빛이 어두워 보여 밝게 요청함, HL123.

New EPTA 실전 연습

## Question 5

ATC: HL123, Intensity of the approach lights is already on maximum setting, you are cleared to land QNH one zero one two.

해석: HL123, 접근 라이트의 빛은 현재 최고 밝기이다, QNH의 1012로 착륙 승인.

Pilot: Cleared to land, HL123.

해석: 착륙 승인 확인, HL123.

## Question 6

**Situation Update**

You are about to land on the runway and you anticipate using full length of runway for decelerating aircraft speed due to poor runway condition.

해석: 당신은 활주로에 곧 착륙할 예정인데 활주로가 좋지 않은 상태여서 활주로를 최대한으로 사용해야 하는 상황이다.

Contact Approach, explain your situation and say your intentions.

해석: 접근 관제 교신해서 당신의 의도를 전달해라.

Pilot: Tower. We need to use full length of runway due to runway condition.

해석: 관제, 우리는 활주로의 상태 때문에 활주로 최대한 사용 요청한다, HL123.

## Question 7

Listen to the controller's response accordingly.

해석: 관제사의 교신을 듣고 적절하게 대응하라.

**ATC:** HL123, approved as requested use maximum available runway.

해석: HL123, 활주로를 최대한으로 사용 요청을 승인함.

**Pilot:** Roger, HL123.

해석: 확인, HL123.

## Question 8

The controller contacts you. Respond accordingly.

해석: 관제사에서 교신이 온다. 적절하게 대응하라.

**ATC:** HL123, vacate runway through taxiway Victor at the end of runway and contact ground.

해석: HL123, 유도로 Victor로 나가서 활주로 끝에 가면 지상 관제에 교신하라.

**Pilot:** Vacate via victor and contact ground, HL123.

해석: Victor로 나가서 지상 관제 교신하겠음, HL123.

## 06 실전 연습 Test

- ✓ MP3 파일은: www.goepta.com 에서 확인
- ✓ 모범 답안은 부록에서 확인 가능

### Initial Situation

You are the pilot of HL123 and now cruising on en-route segment to the destination airport

### Question 1

Listen and respond accordingly.
**ATC:** HL123, control, radar contact set squawk 6332.

**Pilot:** _____

### Situation Update

During the cruising you notice that the hydraulic pressure is dropping.

### Question 2

The controller contacts you.
ATC: HL123, one mile offset to right maintain present altitude.
Respond and inform of your situation.

**Pilot:** _____

## Question 3

ATC contacts you, respond accordingly.

ATC: HL123, report your situation.

Pilot: _____

## Question 4

You are not sure what is wrong, despite of following a procedure FOM.

ATC: HL123, say your intention.

Respond and state necessity to contact company mechanic for this situation.

Pilot: _____

MEMO

## Question 5

**ATC:** HL123, say your problem.

Respond and state you have implemented all procedures from FOM but hydraulic pressure is still dropping.

**Pilot:** _____

## Question 6

**Situation Update**

You decided to divert to alternate airport for maintenance.

※ **Alternate airport : Yangyang**

Contact Control, explain your situation and request divert and fuel dumping.

**Pilot:** _____

✏️ MEMO

## Question 7

Listen to the controller's response. Respond accordingly.

**ATC:** HL123, direct ANUBA, after passing ANUBA heading 090, start dumping, upon completion, right heading 270 to ANUBA, maintain 10,000 ft.

Pilot: _____


## Question 8

The controller contacts you. Respond accordingly.

> ※ Text clue: 122 SOB (souls on board)

**ATC:** HL123, let me know souls on board, so I can advise tower.

Pilot: _____


MEMO

# CHAPTER 07

# Part 2: Task C

## Reporting About Task B & Hearback

01. 시험 개요
02. 평가 가이드라인
03. 합격 TIP!
04. 자주 쓰이는 핵심 단어 정리
05. 기초 다지기
06. 실전 연습 Test

Part 2: Task C
# Reporting About Task B

## 01 시험 개요

| 문항 수 | 2문항 |
|---|---|
| 응답 시간 | 90초 |
| 내용 | 앞의 Task B(비정상/비상 상황) 롤 플레이 수행 내용에 대한 리포팅(상황 설명 및 의견 제시). 교신 상황에 대한 정확한 해석(이해력) 및 플레인 영어를 사용한 의사 표현력 요구 |
| 평가 | Task 전체 수행력 평가 |
| 점수 비중 | 20% |
| 진행 순서 | Task B의 ATC 교신 내용 다시 듣기 → 질문 → 응답하기 |
| 안내사항 | 1. 전자패드로 메모 가능<br>2. 문항당 1회의 Say Again (다시 듣기) 사용 가능 |

## 02 평가 가이드라인

✓ 구체적인 사건과 상황 전개의 내용을 묻는 질문(Q1)에 대한 사실전달 능력

✓ 사건에 대한 이해를 바탕으로 의견을 묻는 질문(Q2)에 대한 의견제시 능력

✓ 질문의 취지를 정확히 파악하고 답변하였는지에 대한 평가(이해력)

## 3 합격 TIP!

1. 교신 상황은 시간 제한 및 언어평가 목적에 따라 '인위적'일 수 있고, 상황 전개의 '비약'이 인정되므로 지시사항에 맞게 응답해야 함.

2. 100% 컴퓨터와 상호작용하게 되므로, interaction은 응답 내용의 적절성, 유창성, 이해도 등과 연계하여 평가되며, 응답 직전 약간의 준비 시간은 용인됨. 다만 평가자가 느끼기에 매우 늦은 응답 또는 무응답은 평가에 영향을 미칠 수 있음.

3. 제공 시간을 최대한 활용하여 평가항목(유창성, 이해력, 어휘, 발음, 문장구조)에 대한 능력을 충분히 표현.

4. 경험 사례 또는 관련 지식/보도 등을 활용하여 플레인 영어능력을 최대로 발휘.

## 04 자주 쓰이는 핵심 단어 정리

| 단어 | 뜻 |
| --- | --- |
| Anticipate | 계획, 예상 |
| Approach light | 진입등 |
| Approved | 승인 받다 |
| Currently approaching | 현재 접근중 |
| Decelerate | 감속, 속도를 줄이다 |
| Due to~ | 뭐뭐 때문에 |
| Inoperative | 작동 불가 |
| Intensity | 강도 |
| Intermediate fix | 중간 픽스 |
| Malfunction | 오작동, 불량 |
| Maximum | 최대 |
| Offset | 오프셋, 절충교역 |
| Runway condition | 활주로 상태 |
| Segment | 부분 |
| Vacate | 떠나다, 비우다 |

CHATER 07. New EPTA Part 2 - Task C 실전 연습

## 5 기초 다지기

**Now listen to the controller's radiotelephony messages.**

ATC: HL123, continue approach, you are number 2.

ATC: HL123, runway condition is poor, standing water on the runway reported, braking action poor.

ATC: HL123, ILS cat 2 is inoperative due to malfunction of approach lights but ILS cat 1 minimum is operational.

ATC: HL123, cleared ILS cat 1 approach.

ATC: HL123, Intensity of the approach lights is already on maximum setting, you are cleared to land QNH one zero one two.

ATC: HL123, approved as requested use maximum available runway.

ATC: HL123, vacate runway through taxiway Victor at the end of runway and contact ground.

해석:

ATC: HL123, 접근로로 계속 이동, 순서는 2번째이다.

ATC: HL123, 활주로 상태 미흡, 활주로에 고여 있는 물이 보고 되었음, 브레이크 작동이 제한됨

ATC: HL123, ILS 카테고리 2번은 접근등 때문에 현재 사용 불가, 하지만 ILS 카테고리 1번은 사용 가능

ATC: HL123, ILS 카테고리 1번 접근 승인한다.

ATC: HL123, 접근등의 빛은 현재 최고 밝기이다, QNH의 1012로 착륙 승인

ATC: HL123, 활주로를 최대한으로 사용 요청을 승인함.

ATC: HL123, 유도로 Victor로 나가서 활주로 끝에 가면 지상 관제에 교신하라.

## Now answer the questions.

### Question 1

What happened to your aircraft? Explain the nature of the incident.

해석: 항공기에 어떤 상황이 발생 했는가? 이 사건의 본질에 대해 설명하시오.

**Pilot:** In this scenario, HL123 was approaching into landing runway. At first, PIC requested cat 2 approach but it was rejected, instead cat 1 was accepted to use then HL123 touched down on the runway and used full length of runway.

해석: 이 상황에서, HL123는 착륙 활주로로 접근중이었다. 처음에는 PIC가 카테고리 2번 접근을 요청했으나 거절을 했고 카테고리 1번으로 승인 받아 활주로를 최대한으로 사용하여 착륙하였다.

### Question 2

How do you think the incident was handled by the air traffic controller? Do you feel the situation could have been handled differently? Make a comment from the pilot's point of view.

해석: 관제사에서 어떻게 이 상황을 어떻게 대처했는지 당신의 생각을 말하시오. 당신은 이 상황을 다르게 대처할 수 있었는가? 조종사의 입장에서 의견을 말하시오.

**Pilot:** In the beginning of the scenario, HL123 requested cat 2 approach but ATC rejected it because of a malfunctioning of approaching lights. Then ATC recommended cat 1 approach and PIC accepted that advise. From this point, we can say that the air traffic controller handled the situation well and the pilot and the controller can resolve any problems if they choose to cooperate.

해석: 이 상황에서 HL123는 카테고리 2번의 접근을 요청했으나 관제사에서 접근 라이트의 오작동으로 인해 거절을 했다. 따라서 관제사는 카테고리 1번의 접근로를 추천했고 조종사는 그것을 채택했다. 이 관점에서 우리는 관제사가 이 상황을 잘 대처했다고 본다. 조종사와 관제사가 서로 협조를 잘한다면 앞으로 모든 문제 해결을 할 수 있을 것이다.

CHATER 07. New EPTA Part 2 – Task C 실전 연습

## 6  실전 연습 Test

✓ MP3 파일은: www.goepta.com 에서 확인

✓ 모범 답안은 부록에서 확인 가능

### Now listen to the controller's radiotelephony messages.

**ATC:** HL123, Control, radar contact set squawk 6332.

**ATC:** HL123, one mile offset to right maintain present altitude.

**ATC:** HL123, report your situation.

**ATC:** HL123, say your intention.

**ATC:** HL123, say your problem.

**ATC:** HL123, direct ANUBA, after passing ANUBA heading 090, start dumping, upon completion, right heading 270, to ANUBA, maintain 10,000 ft.

**ATC:** HL123, let me know souls on board, so I can advise tower.

### Question 1

What happened to your aircraft (HL123)? Explain the nature of the incident.

**Pilot:** _____

### Question 2

How do you think the incident was handled by the air traffic controller? Do you feel the situation could have been handled differently? Make a comment a pilot's point of view.

**Pilot:** _____

# CHAPTER 08

# 부록

01. 핵심 단어 총정리
02. 모범 답안지
    – Part 1, Task A
    – Part 2, Task B
    – Part 2, Task A
    – Part 2, Task B & C

# New EPTA 실전 연습
# 부록

## 핵심 단어 총 정리: Part 1 Task A

| 단어 | 뜻 |
|---|---|
| ATC (Air Traffic Control) | 공항 관제 |
| Cleared for takeoff | 이륙 허가 |
| Cleared to land | 착륙 허가 |
| Climb to | 상승 |
| Descend | 하강 |
| Hold Short | 잠시 대기 |
| Intention | 의도 |
| Landing Priority | 착륙 우선권 |
| Request | 요청 |
| Runway | 사용할 활주로 |
| Squawk | 트랜스폰더에 기입 |
| Standby | 대기 |
| Taxi cross runway | 횡단 |
| Taxi to runway | 활주로로 이동 |
| Vacate runway | 활주로 이탈 |

## 핵심 단어 총 정리: Part 1 Task B

| 단어 | 뜻 |
|---|---|
| ATC (Air Traffic Control) | 공항 관제 |
| Contact departure | 출발 통제 교신 |
| Deviate | 우회 |
| Due to~ | ~ 때문에 |
| Expect ILS approach | ILS 접근을 예상하라 |
| Fly heading 270 | 기수를 270° 방위로 향하라 |
| Heading | 헤딩 (기수방위) |
| Intersection | 교차로 |
| Instructs you | 지시하다 |
| Maintain | 유지 |
| Obtained | 받다, 얻다 |
| Radar vectored | 레이더 유도 |
| Reduce speed | 감속 |
| Takeoff | 이륙 |
| Turbulence | 난기류 |

## 핵심 단어 총 정리: Part 2 Task A

| 단어 | 뜻 |
|---|---|
| Advise | 권고 |
| Altercation | 논의, 토론, 수정 |
| Contact departure | 출발 통제 교신 |
| Cruising | 크루징, 순항하다 |
| Glide path | 글라이드 패스 (지상의 신호 전파가 지시하는 착륙 코스) |
| Handed off | ~에게 넘겨지다 |
| Ident | Ident 버튼 누름 |
| In this scenario | 이런 상황에서 / 이러한 경우에서 |
| Maintain | 유지 |
| Passing altitude | 현재 지나가는 고도 |
| Report complete | 완료 보고 |
| Slight change | 약간의 변동 |
| Squawk | 트랜스폰더에 기입 |
| SID | 표준계기출발방식 |
| Vicinity | 인근/~ 부근에 |

## 핵심 단어 총 정리: Part 2 Task B & C

| 단어 | 뜻 |
| --- | --- |
| Anticipate | 계획, 예상 |
| Approach light | 진입등 |
| Approved | 승인 받다 |
| Currently approaching | 현재 접근중 |
| Decelerate | 감속, 속도를 줄이다 |
| Due to~ | ~때문에 |
| Inoperative | 작동 불가 |
| Intensity | 강도 |
| Intermediate fix | 중간 픽스 |
| Malfunction | 오작동, 불량 |
| Maximum | 최대 |
| Offset | 오프셋, 절충교역 |
| Runway condition | 활주로 상태 |
| Segment | 부분 |
| Vacate | 떠나다, 비우다 |

## Part 1. Task A : 모범 답안

### Question 1

**Pilot:** Control, we lost thrust engine number 1 due to bird strike. Turning back, request ILS approach runway 17, HL123.

### Question 2

**Pilot:** Control, we are new here, request progressive taxi instruction, HL123.

### Question 3

**Pilot:** Offset to the right until GUKDO confirm 1 mile? HL123.

### Question 4

**Pilot:** Report established on final approach course with MIKE, HL123.

### Question 5

**Pilot:** Right at Echo then hold short of runway 33R, confirm taxiway Whisky, Sierra, Lima? HL123.

### Question 6

Pilot: Stopping descent at FL 150, what is the reason for stopping? HL123.

### Question 7

Pilot: Expedite descent confirm flight level to stop, HL123.

### Question 8

Pilot: Cancelling my IFR flight. Proceeding VFR , request weather information, HL123.

### Question 9

Pilot: Taxi via Alpha, Golf, Zulu Cross runway 15R and Bravo 6, HL123.

### Question 10

Pilot: Verify traffic on short final, request cancel clearance and time delay, HL123.

## Part 2. Task A 모범 답안

### Question 1

**Pilot:** Passing 8000 for 6500 HL123.

### Question 2

**Pilot:** Request ILS Z runway 36 approach, HL123.

### Question 3

**Pilot:** Descent and maintain 5000, Turn right heading 220, report leaving HAEGU with information Romeo, HL123.

### Question 4

**Pilot:** Reduce approach speed 90 knots and continue, Report established on localizer, HL123.

### Question 5

**Pilot:** Roger, Runway lights in-sight, HL123.

### Question 6

**Pilot:** Contact Tower control on 118.75 good day, HL123.

### Question 7

Pilot: QNH 1012, Cleared to land runway 36, we are going to climb for maintaining on glide path HL123.

### Question 8

Pilot: Roger we are trying to maintain on glide-path, HL123.

### Question 9

Pilot: Going around HL123.

### Question 10

Pilot: Procedures as published and hold for another approach, severe turbulence, HL123.

### Question 11

Pilot: In this scenario, HL123 executed missed approach before Missed Approach Point, PIC couldn't maintain on glide-path it is common for pilot to execute missed approach due to many reasons, for example, severe turbulence on short final condition was the reason for this case.

## Part 2. Task B 모범 답안

### Question 1

**Pilot:** Set squawk 6332, HL123.

### Question 2

**Pilot:** Tower, we have a mechanical problem. HL123.

### Question 3

**Pilot:** We have hydraulic devices problem ,hydraulic pressure gauge is dropping now, HL123.

### Question 4

**Pilot:** We need a technical support request contact company, HL123.

### Question 5

Pilot: We have carried out all recovery procedures from FOM but hydraulic pressure guage is still dropping, HL123.

### Question 6

Pilot: Control, HL123, We have a mechanical problem so request divert to Yangyang airport for maintenance and fuel dumping, HL123.

### Question 7

Pilot: Maintain 10,000ft to ANUBA, after passing, heading 090, start dumping then turn right heading 270, HL123.

### Question 8

Pilot: We have 122 souls on board, HL123.

## Part 2. Task C 모범 답안

### Question 1

**Pilot:** During a flight, hydraulic pressure was dropping. Then PIC of HL123 implemented recovery procedures from FOM but failed to recover it then PIC request company support thereafter PIC decided to divert to alternate airport for maintenance.

### Question 2

**Pilot:** In my opinion, PIC of HL123 controlled aircraft all the time except for dumping fuel. During that time PIC was guided into dumping area and PIC followed vector from ATC and the situation could not be handled differently because once the mechanical problem has occurred, there was only one option for PIC to choose, diverting to the airport for maintenance.

MEMO